PEDRINHAS MIUDINHAS

LUIZ ANTONIO SIMAS pedrinhas miudinhas

ENSAIOS SOBRE RUAS, ALDEIAS E TERREIROS

2ª EDIÇÃO  mórula
EDITORIAL

Copyright © Luiz Antonio Simas.

Todos os direitos desta edição reservados à MV Serviços e Editora Ltda.

REVISÃO
Luís Gustavo Coutinho

PROJETO GRÁFICO E DIAGRAMAÇÃO
Patrícia Oliveira

ILUSTRAÇÃO (CAPA)
Andre Dahmer

Simas, Luiz Antonio

Pedrinhas miudinhas: ensaios sobre ruas, aldeias e terreiros / Luiz Antonio Simas — 2. ed. — Rio de Janeiro: Mórula, 2019.

144 p.: il.; 21 cm

Inclui bibliografia.
ISBN: 978-85-65679-15-2

1. Rio de Janeiro (RJ). 2. Samba. 3. Candomblé. 4. Umbanda — História. 5. Literatura brasileira. 6. Brasil — Civilização — Influências africanas. I. Lopes, Nei. II. Título.

CDD: 305.896081

 R. Teotônio Regadas, 26 — 904 — Lapa — Rio de Janeiro
www.morula.com.br | contato@morula.com.br

"Passava os dias ali, quieto, no meio das coisas miúdas. E me encantei."
[MANOEL DE BARROS]

índice

PREFÁCIO	9
esclarecimento sobre as pedras	13
o ponta driblador e o filósofo	15
meus heróis civilizadores	17
limitado pela aldeia	19
a lição do sono do rio	21
o risco dos descolados	23
a ágora carioca	27
iemanjá e o ano novo	31
réquiem para o maracanã	35
oração aos caboclos do rio	37
exu tranca-rua, o zagueiro da seleção	39
o brasil do círio de nazaré	43
bela turca, a senhora do tambor	45
a morada do rei dos índios	47
o segredo de ossain	51
são cosme e são damião	53
ogum, senhor das técnicas e artes	55
iemanjá para os devotos de ocasião	59
iku, um orixá	63
desafios, gritos de guerra e parraxaxás	65
o recado de exu	69

alabês, runtós e xicarangomos	71
entidade nossa	75
aniversário de noel rosa	77
caboclo da vila	79
exu cantava coco	81
lua do brasil	83
santo antônio: ogum, xangô, exu e secretário de segurança	85
seu sete da lira e charles darwin — diplomatas do brasil	89
cerveja é história, civilização e macumba	93
a casa da curimba	97
subverter os mundos	101
povo do congo	105
pano branco sobre a pele preta	107
carta aberta aos deputados da assembleia legislativa do rio de janeiro	111
as velhas baianas somem das passarelas	115
liberdade na folia	117
para o benjamin, no aniversário da abolição da escravatura	121
o segredo do urubu-rei	123
o brasil nasceu da melancolia de zâmbi	125
inventando terreiros	129
escutando bibliotecas	131
jesus da gente	133
POSFÁCIO	137
REFERÊNCIAS	141

PREFÁCIO

o caminho das pedras

QUEM POR ACASO menospreza a religiosidade africana recriada no Brasil e nas Américas, achando que ela não passa de "um amontoado de crendices e superstições sem pé nem cabeça" — como já se disse por aí —, está muito enganado. E quem, sob esse ou outro motivo, nunca se debruçou sobre o copioso acervo representado pelos relatos históricos e míticos (toda mitologia tem seu mitologema, como 'todo boato tem um fundo de verdade') dessa tradição múltipla, não sabe o que está perdendo.

O antropólogo francês Marcel Griaule, já na década de 1930, percebeu a importância das matrizes desse acervo. E, graças a essa compreensão e ao aprofundamento nesse conhecimento, tornou-se o primeiro antropólogo da Sorbonne, a excelentíssima universidade de Paris.

No livro *Filosofia e religião dos negros*, publicado em 1950, Griaule, afirmando a alta importância do saber e da espiritualidade africana, ressaltava: "Basta nos debruçarmos sobre esse conjunto de crenças e cultos para encontrar uma estrutura religiosa firme e digna". E recomendava que outros o fizessem.

Na mesma linha de pensamento, no livro *Cultura tradicional bantu*, de 1985, o padre espanhol Raúl Ruiz de Asúa Altuna repertoriava os princípios filosóficos contidos na religiosidade dos povos bantos (de Angola, Congo etc.), como, aliás, já o fizera, na década de 1940, outro sacerdote, o belga Placide Tempels.

Pois o autor deste livro 'fez a lição' dos padres e ouviu a recomendação do mestre antropólogo francês. Mas antes de ouvi-la, já tinha escutado e compreendido o chamado dos tambores do xambá, uma das 'nações' do xangô, o 'candomblé pernambucano'. E com eles aprendeu que, assim como o candomblé da Bahia procede dos nagôs e jejes dos atuais Benin e Nigéria, o xambá vem do povo *Chamba* ou *Tchamba*, do oeste do atual Camarões.

Mas, além do xambá de sua tradição familiar, Luiz Antonio Simas aproximou-se também, ritualisticamente, das tradições que sustentam o culto jeje-nagô aos orixás, o qual, por sua vez, tem como 'eixo de transmissão' todo o saber concentrado nos milhares de relatos mitológicos do oráculo Ifá (*Fá*, entre os jejes), através do qual fala Orumilá, o grande Senhor do saber e do destino.

Mestre da História e das coisas dos deuses e do samba, dedicado cientista daquela espécie de ciência histórica que emana da boca do povo, o 'caboclo' Simas 'sabe das coisas', ou melhor: vive as coisas que sabe; e extrai delas o sumo, como estas *Pedrinhas Miudinhas*. Nelas, que já nas páginas dos jornais prenunciavam sua sina de fascinação, o leitor vai ter o prazer e o encantamento de ver se entrecruzarem caminhos, avatares, qualidades e quantidades tão aparentemente distintos e distantes quanto Elegbara, o 'dono do corpo' e Luiz Gonzaga, o 'rei do baião'; Juscelino Kubitschek, o 'presidente bossa-nova' e Massinokou Alapong, mãe fânti-axânti do Maranhão; o partideiro Aniceto do Império Serrano e a cabocla Mariana, 'princesa da Turquia'; Seu Sete da Lira, exu músico da umbanda e Charles Darwin, pai do evolucionismo; Noel Rosa, o 'poeta da Vila' e Jesuíno Brilhante, 'gentil-homem do cangaço'; Círio de Nazaré e São Cristóvão Futebol e Regatas. Compondo esse fantástico-real universo e formando com eles um caleidoscópico e belíssimo painel, reina e brinca, travessa, a brasilidade de Simas, um cara que sabe.

Irmão e parceiro, não só meu como de todos os encantados de Aruanda, Aiocá, Ilê Aiê; do Orum, do Jurema, do São Serruê etc., compadre Simas, com estas pedrinhas comove. Principalmente porque mostra um Brasil feito de muitos brasis; onde mestiçagem não significa supremacia e menosprezo da identidade resultante para com aquelas que a plasmaram; nem sincretismo representa capitulação, e sim — como sabiam os exércitos da Antiguidade clássica, ao tomarem para si os deuses dos inimigos — acréscimo de força vital.

Profissional da arte da instrução, o professor Luiz Antonio Simas sabe perfeitamente o que representou o encontro, nas Américas e no Brasil, das culturas vindas da África com as nativas e as de todas as outras procedências. E ensina, neste livro, como, do ponto de vista espiritual, esse múltiplo encontro gerou um rico patrimônio; que longe de ser desprezível ou menor, tem mais é que ser conhecido e respeitado como fonte inesgotável, que é, de saber e encantamento.

Last but not least, fica patente neste livro que na encantaria — vertente religiosa sincrética e mestiça, que cultua os seres encantados — um caboclo pode muito bem ser turco ou austríaco sem deixar de ser brasileiro. E disso, nem mesmo o antropólogo Griaule e os padres Tempels e Altuna imaginaram que o Espírito africano fosse capaz.

NEI LOPES
Autor de *Kitábu, o livro do saber e do espírito negro-africanos*.
Rio de Janeiro: Senac Rio, 2005.

esclarecimento sobre as pedras

NAS HISTÓRIAS QUE conto, por prazer ou ofício, não cabem grandes batalhas, feitos extraordinários, líderes políticos, gênios da humanidade, efemérides da pátria e similares. Esclareço, portanto, para abrir a gira.

Acontece que não me sinto confortável nos jantares requintados, dentro de ternos bem cortados, nos salões da academia ou nos templos suntuosos. Como diz um velho ponto de encantaria, para chamar os boiadeiros que moram nos ventos, "uma é maior, outra é menor, a miudinha é a que nos alumeia / pedrinha miudinha de Aruanda êh!". Eu sou maravilhado pelas pedrinhas miudinhas, nelas me vejo e delas faço meu pertencimento.

Interessam-me foliões anônimos, bêbados líricos, jogadores de futebol de várzea, clubes pequenos, putas velhas, caminhoneiros, retirantes, devotos, iaôs, ogãs, ajuremados, feirantes, motoristas, capoeiras, jongueiros, pretos velhos, violeiros, cordelistas, mestres de marujada, moças do Cordão Encarnado, meninos descalços, goleiros frangueiros e romances de subúrbio, embalados ao som de uma velha marcha-rancho, triste de marré deci, que ninguém mais canta.

É pela aproximação amorosa, pelo ato de acariciar com devoção sagrada — amor, eu diria — as pedrinhas miúdas, que me ilumino no mundo. Os olhos brasileiros são os únicos que tenho para mirar os dias. É com eles que eu busco conhecer e, mais do que isso, me reconhecer, na aldeia dos meus pais e do meu filho — terra das alegrias na fresta, das canções de gentilezas e dos fuzuês onde, amiúde, não se imaginaria, de tão escassa, a vida.

O resto são as coisas e pessoas poderosas — inimigas dos rios e das ruas — e suas irrelevâncias.

o ponta driblador e o filósofo

LAROIÊ, AGÔ.

Elegbara — o dono do corpo — é o senhor da irreverência, capitão das artimanhas e encantador das serpentes do tempo; o que bate suas asas e produz o desassombro do acaso. Elegbara é o meu amigo Exu, aquele que um verso de Ifá define como o menino querido de Olodumare.

Quando a razão observa a natureza, surge a ciência. Quando é a poesia que olha o que nos cerca, surge o orixá, o encantado, o caboclo de pena e o catiço da rua. Os dois olhares não se excluem, antes se complementam. Exu é, por isso, o olhar da poesia sobre o princípio ativo que gera o movimento e permite a vida. É o que rompe, com a velocidade do dínamo, o estado de letargia das coisas e pessoas e confere vivacidade ao que estava morto ou não nasceu. Elegbara se torna, desta maneira, o axé que possibilita que as coisas aconteçam; ele só não é a própria realidade porque precede a ela.

Meu compadre é o que transita serelepe entre o ayê e o orum — o visível e o invisível —, é o senhor de tudo que se transmite, relata ou malandramente se insinua. É a possibilidade de dizer e o silêncio do não dito — feito o ponta esquerda que pode driblar buscando a linha de fundo ou cortar pra dentro e bater com a perna trocada. Vais apostar em que, meu lateral?

Exu é palavra áspera, poema amoroso, grito de denúncia e canto doce que rompe de beleza as manhãs do tempo. Exu está no ato de escrever e no ato da leitura; é o signo e o significado de todas as formas de comunicação estabelecidas entre os homens.

Ele é, também, o pânico dos medíocres, a ameaça fatal aos que se acomodam em uma existência mesquinha e limitadora. Exu não gosta dos que buscam o conforto sem sobressaltos, dos que veem na segurança acumulativa e nas conquistas individuais o destino último do ser humano. Exu ameaça tudo isso, já que inaugura nas nossas vidas o acaso que rompe planos minuciosamente elaborados. É ele que canta seu fundamento na caída dos búzios e dos dados e, quando cisma, desarticula tudo para que nos confrontemos com a necessidade de fundar a existência em bases diferentes: "Recrie a vida!"; é o recado de sua flauta em nossos ouvidos.

Os que demonizam meu compadre acertam, porém, em um detalhe: o homem é perigoso. Perigoso porque escapa das limitações do raciocínio cartesiano — que tem pânico do inesperado — e não compactua com fórmulas que reduzem a vida a um jogo de cartas marcadas, com desfecho previsível.

Como poderemos, na limitação de nossa tosca e arrogante visão racionalista, entender Exu, o menino que colheu o mel dos gafanhotos, mamou o leite das donzelas e acertou o pássaro ontem com a pedra que atirou hoje? Como lidar com aquele que sentado bate com a cabeça no teto e em pé não atinge nem mesmo a altura do fogareiro?

Exu é Pastinha na ginga, Garrincha no drible, Dino no sete cordas, Grande Otelo na tela, o jagunço na travessia, o sincopado do escurinho com fama de brigão, a pimenta no caruru de Dona Flor, Tia Eulália no miudinho, a rima de Aniceto na roda de partido alto, o mote de Zé Limeira, o trenzinho de seu Heitor Villa-Lobos, o manto do Bispo do Rosário, a vida severina, o infinito enquanto dure do poeta e o provisório que se perpetua na poesia.

Posso até imaginar a cena de um verdadeiro encontro de civilizações no mais improvável dos filmes: o filósofo Heráclito diz que viver é a arte de esperar o inesperado. Um moleque, preto retinto, filá na cabeça, pés ligeiros e pau duro, solta uma gargalhada alegre e responde ao grego, entre um gole e outro de marafo, enquanto descarna um bode, prepara o couro e dança no aço da navalha:

— Só percebeu isso agora, meu bom?

meus heróis civilizadores

NÃO EXISTE REDENÇÃO para as grandes tragédias, mas a vingança sublime e a única forma de transcendência dos homens ao desmazelo da vida é transformar a má fortuna e a dor em beleza, civilização e arte. Os meus heróis civilizadores não frequentaram bibliotecas, não discutiram a alta filosofia nas academias e universidades, não escreveram tratados iluministas, não pintaram os quadros do Renascimento, não escreveram romances, não compuseram sinfonias, não conduziram exércitos em grandes guerras, não redigiram leis, não fundaram empresas, não elaboraram tratados e constituições e não planejaram monumentos, edifícios e pontes.

Os homens que me civilizaram chegaram às praias do meu país nos porões infectos dos tumbeiros e foram vendidos e marcados feito gado no mercado.

Eu fui civilizado pelo rufar dos tambores misteriosos, pelo toque de São Bento Grande no berimbau de cabaça, pela dança desafiadora do Obá dos Obás, pelo bailado da dona do afefé — sagrado vento — e pelo xaxará do senhor da varíola, a quem reverencio e peço a calma para não estranhar o mundo — Atotô!

Aprendi a olhar com admiração os homens ao conhecer os dribles de Mané, a ginga de Pastinha, a sabedoria de Menininha, a força de Candeia, os versos de Silas, o miudinho de Argemiro, as esculturas de Mestre Didi, as toalhas rendadas de Tia Prisciliana, o cachimbo de Dona Eulália, o canto de Anescar, o tempero da Iyá Bassê, o lamento dos vissungos, o machado do jongo, as folhas de Ossain e os cantos de evocação de Oxupá, dindinha Lua.

Quem me criou não tinha educação formal e não me deu o Quixote, o Crime e Castigo, o Dom Casmurro, o Grande Sertão e outros tantos grandes livros que, como esses, eu li um dia e passei a amar. Quem me criou, porém, me contou das artimanhas de Exu, da flecha certeira de Oxóssi, dos amores de Ogum, das mulheres de Xangô, do tronco forte de Tempo e do pano branco de Lemba — e eu passei a gostar de ouvir e inventar histórias, no alargamento da vida.

Quem me criou não me levou aos teatros, não me apresentou a grandes óperas e não me presenteou com discos de sublimes sinfonias — que dessas coisas quem me criou não sabia. Mas quem me conduziu cantou, para confortar as minhas noites, sambas, toadas, jongos, afoxés, cirandas, maracatus, alujás, calangos, xibas e xotes — e eu fui apaziguando a alma com os sons do meu povo.

E é por isso, por essas áfricas que me fizeram como sou, que gosto da rua, do mercado, dos amigos, da gente miúda feito eu, do porre, da bola, do beijo, da troça, da raça, do sol, da cachaça, da carne, da alegria, da subversão, da insubmissão, da guerrilha, do vento, da aldeia, do mistério, da mistura, do dendê, das pernas tortas, do português torto, da língua do Congo e do pranto do banzo.

E eu me pego todo dia a orar a Zâmbi por um Brasil mais tolerante com o seu povo. Há que se lamentar e reverenciar — todos os dias — o martírio dos tumbeiros, fazer do tronco do castigo o totem da humanidade e louvar a todos os quilombolas, de ontem e de hoje, que me ensinaram a amar a terra e celebrar a vitória da vida sobre a morte — lição maior de Licutam, Luísa Mahin, Zomadônu e Zacimba Gaba. O Brasil haverá de saber quem eles são.

É só assim que a gente afaga o tempo, serpenteia a dor e apascenta, entre um tombo e outro, o olhar sobre a belezura do que pode ser o mundo.

limitado pela aldeia

DIA DESSES ME perguntaram, em uma rede social, sobre as razões que me levam a falar, escrever, cantar, compor, apenas coisas do Brasil. A pergunta, feita de forma gentil, clamava no final por mais opiniões minhas sobre o que acontece no mundão além de nossas fronteiras. Vesti a carapuça. Sou mesmo daqueles que tem uma visão muito precária do que acontece fora da aldeia. Tento responder.

Sou um homem comum, filho de mãe pernambucana e pai catarinense, criado por uma avó nascida no sertão das Alagoas, precariamente alfabetizada, e por um avô do litoral de Pernambuco com um pouco mais de estudo formal. Entre os meus familiares, fui o primeiro a terminar o ensino médio e a entrar numa universidade pública.

O Brasil em que fui criado passa longe, muito longe, de salões empedernidos, bancos acadêmicos, bolsas de valores, altares suntuosos, restaurantes chiques e esquinas elegantes. O Brasil dos meus olhos de criança e das minhas saudades de adulto é o dos campos de futebol, mercados populares, terreiros de macumba e rodas de samba.

Faço, do ponto de vista de minha vida profissional, exatamente o que queria fazer quando entrei na faculdade de História — dou aulas. Apesar de trabalhar com pesquisa, publicar livros e o escambau, meu negócio é mesmo ser professor.

Lido com alunos do ensino médio e do ensino superior. Prefiro os primeiros. Divirto-me com a garotada. Lecionar me permite não usar terno, gravata, sapato e cinto para trabalhar. Este foi, acreditem, um aspecto que pesou na escolha do babado.

Não tenho temperamento para ser dono de porríssima nenhuma. Fujo de responsabilidades que impliquem em dar ordens a alguém. Canto Noel, João do Vale, Wilson Batista, Geraldo Pereira e Pixinguinha enquanto trabalho e vejo nisso, como no batuque, um privilégio.

Dou aula sobre pecuária no Brasil Colonial puxando toada de boi-bumbá; falo da abolição da escravidão cantando o samba da Mangueira de 1988 e sou — por opção e formação — tamoio, inconfidente, conjurado, balaio, cabano, malê, farrapo, capoeira, jagunço e quilombola.

Peço licença ao invisível quando atravesso encruzilhadas.

Não ficarei rico nem a cacete e tenho a decência de não almejar fortuna. Não falta, porém, a comida na mesa e os caraminguás para fazer, vez por outra, uma graça com a mulher amada e tomar a cerveja gelada com os do peito. Acompanho o futebol e componho umas cirandas, afoxés e sambas. Tenho a vida simples e digna que todos os trabalhadores brasileiros merecem ter.

Acho um drible de Mané Garrincha mais elegante que desfile de moda, a feira de Caruaru mais sofisticada do que qualquer loja de grife, a dança do mestre sala mais nobre que o *plié* de um bailarino clássico e o gibão de couro de Luiz Gonzaga mais imponente que as fardas e galardões dos generais. Sou adepto da festa e das frestas, homem de ritos encantado pela solidão das toadas, comovido pelas marchas dos ranchos e enfeitiçado por curimbas de todo tipo.

Insisto, por tudo isso, em lançar sobre o Brasil uma mirada grávida de encantamentos, crenças, sons, defesas milagrosas, gols impossíveis, cheiros de litorais, aromas de florestas e afeto desmesurado pelo povo miúdo que, na sabedoria da escassez, reinventa a vida e civiliza o chão de onde vim e é a raiz melhor do que eu sou.

a lição do sono do rio

Meia-noite o rio dorme
Mais ou menos dois minutos
Pra nós é um tempo curto
Pra Uiara é um tempo enorme
[Uiara, Paulo César Pinheiro]

CONTAM OS CANOEIROS do São Francisco que o rio, na hora grande da meia-noite, dorme durante dois minutos. É a hora em que a vida vadeia e o mundo se recolhe: as cachoeiras interrompem a queda, a correnteza cessa e até Paulo Afonso silencia. Os ribeirinhos aprendem desde cedo que não se deve acordar o rio durante o seu sono.

Nos dois minutos de sono do rio, os peixes se aquietam, as cobras perdem a peçonha e a mãe d'água se levanta para pentear os cabelos nas canoas. Os que morreram afogados saem do fundo das águas em direção às estrelas. Esse sono do rio não deve ser, de maneira alguma, interrompido, sob pena de endoidecer quem despertou as águas.

Ando matutando — como sujeito alumbrado que sou pelas brasilidades caboclas — a respeito do que os ribeirinhos ensinam sobre o descanso do rio e concluo que, vez por outra, é mesmo necessário adormecer no tempo e sossegar como as águas.

O ritmo da nossa sociedade — marcado pelo fascínio das máquinas, o ruído dos motores, a precisão dos relógios, a velocidade das informações simultâneas e a procura feérica da felicidade — acelera a vida e nos desacostuma dos homens. Tem lá seus benefícios — não sou, definitivamente, um saudosista —, mas anda perto das desumanidades.

Por isso é preciso, vez por outra, adormecer feito o rio ao abandono das horas, se aluar em águas paradas e abandonar os desatinos da felicidade (o brinquedo que não tem).

O sono do São Francisco, o desapego dos peixes e o silêncio das cachoeiras me fazem crer que a expectativa da felicidade, da forma como a sociedade de consumo lida com ela, é das coisas mais brutais que existem. O sujeito acha que tem que ser bem-sucedido no amor, no trabalho e nas relações pessoais. Precisa viajar pelo menos duas vezes por ano, trocar de carro de quando em vez, não pode ficar doente e não pode conceber a morte. Acontece que não é assim que o rio segue seu curso e descansa no fim do dia.

Como ninguém é capaz de atingir essa tal felicidade de *shopping center* que é vendida por aí, formamos aos montes um bando de depressivos, uns sujeitos infantilizados que não conseguem lidar com o fracasso e se entopem de remédios para dormir, acordar, trabalhar, trepar... Parece paradoxal, mas é isso mesmo: a expectativa da felicidade é uma fonte poderosa de angústias e depressões.

Que os caboclos do Brasil, portanto, me iluminem para que eu respeite o sono do rio, o repouso dos peixes e o voo dos afogados. Que o país imaginado, e em mim recolhido, me ensine a viver na síncopa, no drible, na dobra do tambor, na oração dos romeiros, na dança lenta de Oxalufã, nas delicadezas do Reisado, nas rodas de cirandas, nas oferendas do Divino, na suavidade dos sons bonitos e na imponência calada das gameleiras.

Esse nosso mundo, de tão virtual, anda meio desvirtuado — e eu quero cada vez mais ter o tempo de adormecer o rio, aquietar os peixes, sossegar as cachoeiras, louvar meus ancestrais e me encantar com a Uiara a envaidecer canoas.

o risco dos descolados

COSTUMO DEFINIR CULTURA como todo o processo humano de criação e recriação de formas de viver. Cultura é, nessa perspectiva, o conjunto de padrões de comportamento, visões de mundo, elaboração de símbolos, crenças, anseios, hábitos e tradições que distinguem determinados grupos sociais.

O problema, nos dias atuais, é que em vez de se entender a economia como parte constitutiva da cultura — esse poderoso campo que engloba nossos atos e nos define como homens humanos — vigora cada vez mais uma perspectiva que transforma a cultura em parte constitutiva da economia — esse campo que, quando determinante, nos define como meros consumidores, alheios ao processo de elaboração de formas de vida e desumanizados, por conseguinte.

Penso nisso, por exemplo, quando observo com extremo cuidado o que vem acontecendo com o Centro de Abastecimento do Estado da Guanabara, o popular Cadeg de Benfica. O mercado passa, segundo reportagens recentemente veiculadas em jornais e revistas, por um processo de revitalização, ganhando ares de polo gastronômico de ponta, com restaurantes sofisticados e lojas de queijos e vinhos pintando no pedaço.

Certos grupos da Zona Sul, que costumam achar que qualquer programa que ultrapasse o Túnel Rebouças em direção ao subúrbio é uma espécie de safári exótico, começam a se aventurar rumo a Benfica. Nesse ritmo, o Cadeg ainda vira cenário de novela do Manoel Carlos.

Acho muito interessante que toda a população do Rio de Janeiro conheça e visite o Cadeg — há de fato ótimos restaurantes, compra-se de tudo e aos sábados ocorre um dos melhores furdunços da cidade, a festa da colônia portuguesa que, entre sardinhas, vinho verde e fado, lota o restaurante Cantinho das Concertinas para matar a saudade da terrinha. Vejo com bons olhos, também, que o lugar esteja cuidado, acessível e fortalecido.

Até aí tá tudo bem. O risco do balacobaco, porém, é que a tal da revitalização se transforme em descaracterização e elitização do espaço.

Para início de conversa, a própria expressão revitalizar me parece complicada — vitalidade é o que nunca faltou ao Cadeg. O carioca sempre foi ao Cadeg, almoçou por ali, comprou flores para enfeitar os candomblés e oferecer aos orixás, tomou seus gorós, recriou a vida e, dessa maneira, produziu cultura. O perigo é que os descolados de plantão transformem o mercado de Benfica na nova moda da estação e o preço a se pagar por essa onda seja caro demais.

Que me desculpem aqueles que enxergam nesse processo apenas o lado financeiro que a tal da revitalização proporciona. A onda das pequenas empresas e grandes negócios não é aquela que esse escriba costuma surfar.

Outro dia mesmo cruzei no Cadeg, enquanto me preparava para comer sardinha com os conterrâneos de Pedro Álvares Cabral, com um conhecido que pintou na área pela primeira vez.

Estranhei a presença do ilustre, que me disse estar ali para participar de uma degustação de vinhos. O sujeito tratava os vinhos com uma intimidade impressionante e parecia um psicólogo descrevendo o perfil emocional da bebida: "é um vinho que a princípio se mostra tímido, mas aos poucos revela um caráter agressivo e grande personalidade..."

Dei um jeito de pular fora.

O que me preocupa mesmo é imaginar como o frequentador tradicional do Cadeg vai lidar com isso. Penso naquele camarada que vai ao mercado para cumprir um verdadeiro ritual.

Me interessa saber o que vai acontecer com o carioca morador da Zona Norte, que, como eu, faz no Cadeg as compras da feijoada de domingo e do bacalhau de Natal, compra flores para enfeitar o terreiro em dia de festa no candomblé ou na umbanda, e arremata com a cerveja gelada e o tradicional contrafilé com fritas do Poleiro do Galeto. Mas isso é cultura, recriação da vida, vitalidade, coisa que não costuma encher os cofres com mais opulência e nem dá notícia em revistas e jornais. Não duvido que os vampiros de sempre suguem até a última gota a novidade da moda e, em breve, metam os dentes em outros pescoços. É assim que costuma ocorrer.

Esperemos apenas que, depois do vendaval e do fim do safári, a cerveja continue gelada. É com ela que os homens comuns costumam brindar, fora das páginas de revistas, longe das câmeras de TV e livres do encosto das celebridades, a maneira simples e carioca de inventar a vida.

a ágora carioca

VIVEMOS TEMPOS DE uniformização dos costumes, fruto do tal de mundo globalizado. Em cada canto desse mundaréu, ligado por redes transnacionais de telecomunicações, as pessoas assistem aos mesmos filmes, vestem as mesmas roupas, ouvem as mesmas músicas, falam o mesmo idioma, cultuam os mesmos ídolos e se comunicam em, no máximo, cento e quarenta toques virtuais. Nessa espécie de culto profano, em que a vida cotidiana é regida pelos rituais em louvor ao mercado que não é o de Madureira, o bicho pega e as ideias morrem, como outro dia morreu de morte matada o acento em ideia, sem choro nem vela e sem a dignidade de um samba do Noel.

Ao trabalhar com adolescentes e adultos jovens, percebo que as crenças e projeções de futuro da moçada foram substituídas pelo pânico cotidiano — do assalto e das doenças, no âmbito pessoal, às catástrofes ambientais, na esfera coletiva. Cria-se uma lógica perversa: como posso morrer de bala perdida, pegar gripe suína ou sucumbir ao aquecimento global, preciso viver intensamente o dia de hoje.

Ocorre que essa valorização extremada do tempo presente é acompanhada pela morte das utopias coletivas de projeção do futuro.

Não há mais futuro a ser planejado. Somos guiados pelos ritos do mercado e abandonamos o mundo do pensamento, onde se projetam perspectivas e são moldadas as diferenças. Restam hoje, nesse desalento, duas tristes utopias individuais, em meio ao fracasso dos sonhos coletivos — a de que seremos capazes de consumir o produto tal, cheio de salamaleques, e a de que poderemos ter o corpo perfeito.

Transformam-se, nesses tempos depressivos, os *shoppings* e as academias de ginástica nos espaços de exercício dessas utopias tortas, onde podemos comprar produtos e moldar o corpo aos padrões da cultura contemporânea — o corpo-máquina dos atletas ou o corpo esquálido das modelos. É a procura da felicidade que não tem, como na esquecida e sábia canção natalina. E tome caixinhas de Prozac no sapatinho na janela.

É aí que localizo, na minha cidade de São Sebastião do Rio de Janeiro, o espaço de resistência a esses padrões uniformes do mundo global: o botequim. Ele, o velho boteco, o pé sujo, é a ágora carioca. O botequim é o país onde não há grifes, não há o corpo-máquina, o corpo em si mesmo, a vitrine, o mercado pairando como um deus a exigir que se cumpram seus rituais.

O boteco é a casa do mau gosto, do disforme, do arroto, da barriga indecente, da grosseria, do afeto, da gentileza, da proximidade, do debate, da exposição das fraquezas, da dor de corno, da festa do novo amor, da comemoração do gol, do exercício, enfim, de uma forma de cidadania muito peculiar. É a República de fato dos homens comuns.

É nessa perspectiva que vejo a luta pela preservação da cultura do boteco como algo com uma dimensão muito mais ampla que o simples exercício de combate aos bares de grife que, como praga, pululam pela cidade e se espalham como metástase urbana.

A luta pelo boteco é a possibilidade de manter viva a crença na praça popular, espaço de geração de ideias e utopias — fundadas na sabedoria dos que têm pouco e precisam inventar a vida — que possam nos regenerar da falência de uma (des)humanidade que se limita a sonhar com o tênis novo e o corpo moldado, não como conquista da saúde, mas como simples egolatria incrementada com bombas e anabolizantes cavalares. O botequim é, portanto, o anti-*shopping center*, a recusa mais veemente ao corpo irreal dos atletas olímpicos ou ao corpo pau de virar tripa das anoréxicas, sintomas da doença comum desse mundo desencantado: metáforas da morte.

Ali, no velho boteco, entre garrafas vazias, chinelos de dedo, copos americanos, pratos feitos e petiscos gordurosos, no mar de barrigas indecentes, onde São Jorge é o protetor e mercado é só a feira da esquina, a vida resiste aos desmandos da uniformização e o Homem é restituído ao que há de mais valente e humano na sua trajetória — a capacidade de sonhar seus delírios, festejar e afogar suas dores nas ampolas geladas feito cu de foca. É onde a alma da cidade grita a resistência.

Esse combate, amigos, é muito mais significativo do que imaginam os arautos modernosos e seus programadores visuais. Botequim, afinal de contas, tem alma, é entidade, terreiro carioca, feito os trapiches e sobrados do cais do porto em noite de lua cheia.

iemanjá e o ano novo

A COMEMORAÇÃO DO Ano Novo no primeiro dia de janeiro é mais recente do que, provavelmente, o leitor imagina. Ao longo dos tempos e das diversas civilizações, a data de celebração de um novo ciclo mudou inúmeras vezes. Os babilônios costumavam comemorar o novo ano no equinócio da primavera; os assírios e egípcios realizavam os festejos em setembro; os gregos celebravam o furdunço em finais de dezembro. Chineses, japoneses, judeus e muçulmanos ainda têm datas próprias e motivos diferentes para comemorar o ano bom. Entre os povos ocidentais, a data de primeiro de janeiro tem origem entre os romanos (Júlio César a estabeleceu em 46 a.C.). Só em 1582, com a adoção do calendário gregoriano, a igreja católica oficializou o primeiro dia de janeiro como o início do novo ano no calendário ocidental. Muito tempo depois do Papa Gregório VIII, mais precisamente em 1951, Chico Alves e David Nasser fizeram *Adeus, Ano Velho*, a mais popular canção brasileira sobre a tradição das festas de fim de ano.

Em várias civilizações o início de um novo ciclo é comemorado com muito barulho, gritaria, bater de bumbos, tambores, fogos, fogueiras, fanfarras, cambalhotas e outros salamaleques. Os antigos diziam que fazer a barulheira era fundamental para despachar os maus espíritos para os cafundós mais distantes e garantir a boa colheita, a saúde e a prosperidade. O negócio, portanto, é mandar ver na festa para garantir a boa ventura contra todo tipo de urucubaca.

Entre o povo da cidade do Rio de Janeiro, naturalmente festeiro, o hábito de se comemorar o *réveillon* na praia virou uma tradição mundialmente conhecida, que influenciou várias cidades litorâneas a fazer a mesma coisa. Há que se reconhecer, porém, que os cariocas devem grande parcela do costume da festa na praia aos umbandistas, que durante muitos anos ocupavam as areias praticamente sozinhos para louvar Iemanjá — a orixá africana que se transformou na mais brasileira das deusas, miscigenada com a Nossa Senhora católica e a Uiara dos indígenas.

Era bonito ver a orla ocupada pelos terreiros e a noite iluminada pelas velas em louvor a Iemanjá, tudo isso ao som de atabaques e cânticos misteriosos — verdadeiros presságios brasileiros de boa sorte. Quem chegasse perto, fosse umbandista, católico, espírita, evangélico, hindu, muçulmano, judeu, flamenguista, vascaíno, tricolor ou botafoguense, era muito bem recebido e ainda começava o ano novo devidamente garantido contra o infortúnio. Conheço muitos ateus que, por via das dúvidas, abriam uma exceção ao misticismo e garantiam o ano bom recebendo passes de caboclos e pretos velhos nas areias, com direito a cocares, charutos e quejandos.

A confraternização que todo ano ocorre em Copacabana é bacana, tem seus méritos, virou atração turística da cidade, atrai gente de tudo quanto é canto, gera divisas e garante a ocupação da rede hoteleira. É necessário, porém, colocar um pouco de água nesse chope dos entusiastas da festa atual e lembrar que o Rio de Janeiro tem uma dívida enorme com o povo da umbanda, que hoje se encontra praticamente excluído do fuzuê. Os shows de roqueiros, sambistas, astros pop, sertanejos, *rappers*, DJs de música eletrônica, revelações adolescentes, cantoras baianas, blocos carnavalescos e o escambau, além de transformar a festa em um verdadeiro sarapatel sonoro, calaram os tambores rituais. A elitização da festa, que já se manifesta em espaços reservados nas areias, controlados por grupos privados, hotéis, quiosques e que tais, lembra muito o processo de mercantilização que atingiu as escolas de samba. De entidades culturais representativas da cultura carioca, as agremiações se transformaram em alguma coisa próxima do que o Império Serrano, em um samba premonitório, chamou de superescolas de samba S.A.

Que a tradição do fim de ano, portanto, não encontre no poder público um agente legitimador de interesses privados, sob o falso argumento de uma festa para todos que, cada vez mais, perde a espontaneidade e a vitalidade que sempre a caracterizaram. Em nome de gestões modernosas e engenharias financeiras, corre-se o risco de se transformar o adorável e popular furdunço em algo mais parecido com um bloco carnavalesco com abadás e cordas, para gringo ver e o Comitê Olímpico Internacional aplaudir.

Odoyá!

réquiem para o maracanã

MORO NO BAIRRO do Maracanã. Da minha casa ao estádio levo cinco minutos, se tanto. Já cansei de escutar, em dias de clássico, o barulho da torcida soando aos meus ouvidos como a mais bonita das sinfonias. O Maracanã parecia rugir na minha varanda, farfalhando as cortinas e ventando em gol.

Não moro perto do Maraca por acaso. Quando procurei apartamento para comprar, a proximidade do estádio foi um fator decisivo. Realizei um alumbramento de moleque. Nunca cogitei morar perto da praia, conhecer a Disney ou coisa parecida. Sempre imaginei a felicidade como a chance de ir a pé, quando bem entendesse, ao estádio que assombrava meus olhos de menino.

Jorge Luís Borges sonhava um paraíso que fosse uma infinita biblioteca. O meu paraíso sempre teve traves, redes, arquibancada e bola.

Mas o meu Maracanã morreu. É paraíso que já não há.

O meu Maracanã foi vítima da mania de modernizar o eterno, profanar o sagrado e tornar provisório, marcado pelas vicissitudes do tempo, o que já transcendeu a esse próprio tempo, o cronológico, e vive no território do mito.

Não há dia em que eu pise no velho cais da Praça XV sem lembrar que ali vivem, consagrados na memória das pedras, os marujos que quebraram as chibatas da marinha de guerra do Brasil na revolta de 1910.

Na materialidade bruta da Pedra do Sal ressoam batuques de primitivos sambas e berram todos os bodes imolados aos deuses que chegaram da África nos porões dos negreiros, acompanhando seu povo. A Pedra do Sal tem um silêncio que grita Laroiê! nas noites.

Cada degrau da escadaria da ermida de Nossa Senhora da Penha, a mais carioca das santinhas, materializa os milagres e a dor — redentora — de milhares de joelhos esfolados em sacrifícios de louvor e graças aos prodígios da Virgem.

Existem lugares de esquecimento, territórios do efêmero, e lugares de memória, territórios de permanência. Esses últimos são espaços que, sacralizados pelos homens em suas geografias de ritos, antecedem a sua própria criação e parecem estar aí desde a véspera da primeira manhã do mundo.

O meu Maracanã é assim. É feito a Penha, a Pedra e o Cais. Nasceu estádio de futebol antes do rio que lhe nomeia; é carioca antes de Estácio de Sá; é de um tempo anterior ao tempo e foi erguido perto da minha casa antes que a primeira flecha tupinambá cortasse o céu da Guanabara.

O meu Maracanã, velho Maraca não reformado, é o Santuário de Bom Jesus de Matosinhos, onde Jeremias e Daniel bailam no ar como Zizinho e Didi bailaram nas quatro linhas. É o terreiro do Axé Opô Afonjá, onde Xangô dançou pelo corpo de Mãe Aninha como Ademir, feito raio, rasgou o campo em direção ao gol. O Maraca é a primeira ponte do rio Capibaribe e todas as pontes de São Castilho. O meu estádio é a ciranda de Lia e a areia da praia onde Lia dançou ciranda, pois ali, na grama verde, um anjo de pernas tortas cirandou um dia.

Mas o Maraca é mais, muito mais, do que tudo isso. É o templo onde oraram e comungaram brasileiros comuns — feito eu, meu pai e meu avô. Sempre juntos, na alegria e na tristeza, na vitória e na derrota, porque aqueles a quem os deuses da bola uniram no cimento das arquibancadas, dinheiro nenhum, meu Maracanã, há de separar.

oração aos caboclos do rio

SALVE SÃO SEBASTIÃO e todos os oxóssis, padroeiros da cidade do Rio de Janeiro e protetores do seu povo — uma gente que bateu tambor em fundo de quintal, jogou capoeira, fez a sua fé no bicho, botou o bloco na rua, a cadeira na calçada, o despacho na esquina, a oferenda na mata, a bola na rede e o mel de Oxum na cachoeira — já que sem um chamego acolhedor ninguém vive direito.

Excluído dos salões do poder, mas protegido pela caboclada, o carioca inventou o ano novo na praia, zuelando atabaques em louvor a Iemanjá, Janaína, Yara e Kianda. Colocou, esse povo do Rio, na Virgem da Conceição e na Senhora dos Navegantes os seios fartos de deusa africana.

Saravá para o povo que inventou a cidade — e a cidadania — que lhe foi covardemente negada e criou esse modo de ser que atropela convenções, confunde, seduz, agride e comove — é essa a maneira que o carioca encontrou, ao longo de sua história, para subverter a escuridão dos tumbeiros, a caça aos índios tamoios e a ferida aberta pelos trezentos anos de chibata. Nós somos herdeiros dos homens que bateram tambor na fresta e criaram a subversão pela festa.

Nos conceda, meu São Sebastião, o convívio urbano e as ruas pacificadas. E rua pacificada é rua cheia, não é rua vazia onde prevalece a bandidagem mais deslavada ou a ordem do choque travestida em choque de ordem.

Nos livre, Oxóssi, dos homens de bem que encaram a cidade fomentando o individualismo mais tacanho, o olhar enviesado e o clima de desconfiança entre seus habitantes.

Nos afaste, caboclo Tupinambá, da política pública que, estimulada pela mídia mais reacionária e imediatista, nega nossa peculiaridade e atua pelo viés exclusivo da repressão. Peço apenas isso: que os tais homens públicos reflitam e reconheçam a dimensão profunda do que nós, os cariocas, somos e construímos no tempo e no espaço. Se não for assim, que se danem eles — com os nomes devidamente colocados na canjira de Zé Pelintra, que também cuida da nossa banda.

Administrar uma cidade, falar sobre uma cidade, escrever sobre ela, propor políticas públicas, implica conhecimento, reflexão, amor e interação com os seus modos de recriação da vida e produção de cultura, função que nos faz humanos e nos redime do absurdo da morte.

Bato cabeça e louvo a civilização peculiar criada no extremo ocidente por João Cândido, Donga, Pixinguinha, Paulo da Portela, Cunhambebe, Cartola, Noel Rosa, Bide, Caboclo das Sete Encruzilhadas, Tia Ciata, Meia-Noite, Madame Satã, Lima Barreto, Paula Brito, Marques Rebelo, Manduca da Praia, Silas, Anescar, Dona Fia, Fio Maravilha, Leônidas da Silva e Di Cavalcanti.

Saravá os judeus da Praça Onze, os árabes da rua da Alfândega, a pombagira cigana, a escrava Anastácia, o Cristo de Joãosinho Trinta, o Zé das Couves, o vendedor de mate, o apontador do bicho, o professor, o aluno, o gari, os líderes anarquistas da greve de 1919, a Banda do Corpo de Bombeiros, a torcida do Flamengo, o pó de arroz, a cachorrada, a nau do Almirante, o Bafo da Onça, o Cacique de Ramos, o Domingo de Ramos, a festa da Penha, a festa na laje e a cerveja gelada.

Com a baixaria na sétima corda e o ronco da cuíca costurando a missa, brado na zuelada do angoma grande: okê Oxossi!, meu São Sebastião de cocar de caboclo velho, padroeiro da nossa gente.

Amém.

exu tranca-rua, o zagueiro da seleção

MINHA FAMÍLIA É, quase toda, chegada numa curimba. O que tem de macumbeiro não está no gibi. Fui criado pela minha avó, mãe de santo de um terreiro no Jardim Nova Era, em Nova Iguaçu, onde o bicho pegava quase todo sábado; com muita festa de encantaria e toque para os orixás.

Disse que quase toda família era do babado, mas, em nome da verdade, preciso destacar que minha tia-avó, Dona Lita, era católica fervorosa, de rezar o terço e assistir na sessão da tarde, em todo dia 13 de maio, um filme, velho pra burro, sobre o milagre de Fátima. A tia queria, por exemplo, que todas as crianças fizessem primeira comunhão e crisma. Lembro perfeitamente quando ela tentou me ensinar a música tema do filme 'Marcelino Pão e Vinho' e não se conformou quando eu disse, zombeteiro, que preferia cantar 'A perereca da vizinha' e 'Araruta'.

A boa tia Lita também ficava chocada todo Natal, diante das porrancas formidáveis que meu avô tomava para comemorar o nascimento do menino Jesus. O dever de todo homem de bem, segundo ela, era estar com a família na missa do Galo, enquanto o meu avô preferia mandar bala nos birinaites.

Qual não foi, portanto, minha surpresa com uma cena ocorrida durante a Copa do Mundo de 1978, envolvendo essa minha tia carola. Aos fatos.

Jogavam Brasil e Espanha. Jogo duro, o gramado mais parecendo um pasto. Meu avô desfilava um repertório de palavrões contra o Coutinho — técnico do escrete. Completando o cenário, quantidades industriais de cerveja, caldinho de feijão e, para quebrar o clima profano, tia Lita rezando o terço, e pedindo aos céus pelo sucesso canarinho.

Segundo tempo, zero a zero nervoso. O Brasil estava sendo vergonhosamente pressionado quando, quase no fim, uma bola foi alçada na nossa área. O goleiro Leão saiu do gol catando borboletas e a bola sobrou, cristalina, nos pés do centroavante adversário. O espanhol se preparou para o arremate, num lance inapelável, com o goleiro batido.

Subitamente, como num milagre, surgiu o Amaral, zagueiro brasileiro, que salvou a nossa cidadela quando a redonda ia entrando.

Meu avô ameaçou infartar. Meu irmão fez, literalmente, cocô nas calças. O Manoelzinho Mota, nosso vizinho e a figura mais popular do bairro, aos prantos, repetiu: "não entrou, não entrou". Minha avó fez breve comentário: "esse, até eu faria". E minha tia, a beata, jogou o terço para o alto e gritou:

— Foi ele! Foi ele! Obrigado. Obrigado.

Eu, ainda sob o efeito do lance, fiz a pergunta:

— Ele quem, tia Lita? Jesus Cristo?

— Que Jesus Cristo, menino. E Jesus Cristo quer lá saber de jogo? Jesus Cristo, nada.

— Quem foi então?

— O Exu Tranca-Rua, é claro!

Meu avô quase teve outro siricutico:

— Foi quem, Lita?

— Seu Tranca-Rua. Eu vi Seu Tranca-Rua do lado da trave, protegendo o gol do Brasil. Eu vi!

E, dizendo isso, a velha começou a cantar, acompanhada por todo mundo:

Seu Tranca-Rua é homem
Promete pra não faltar
Catorze carros de lenha
Pra cozinhar gambá
A lenha já se acabou
E a gambá
Tá pra cozinhar

Não estou mentindo; eu não vou brincar com Seu Tranca, nem a pau. A minha velha tia, beatíssima, afirmou de fato, com convicção, que Exu Tranca-Rua tinha defendido a seleção brasileira.

Meu avô, impressionadíssimo, repetia:

— É coisa séria. É coisa séria. Traz um copo de cachaça pra botar do lado da televisão.

O Manoelzinho Mota, devoto do Homem da Rua, afirmava com absoluta certeza que Seu Tranca tinha baixado no Amaral, o zagueirão.

O fato é que o Brasil, com um zagueiro desse porte, não levou gol naquele jogo.

No dia seguinte, minha tia voltou a rezar o terço, me chamou num canto e disse a mesma lengalenga de sempre:

— Você tem que aprender a rezar, menino. Não vai atrás dessa família, não, que macumba não dá camisa a ninguém. Só existe uma verdade, Jesus Cristo.

Sem entender patavina, perguntei:

— Mas tia, e Seu Tranca-Rua?

E ela, de bate-pronto, na base do esporro:

— Lava essa boca, menino, que isso não existe! Fica andando com macumbeiro e dana de falar besteira.

o brasil do círio de nazaré

NÃO SOU UM HOMEM de fé; sou um homem de ritos. Minha crença nada mais é do que uma opção pelo encantamento do mundo; só compreendo a devoção quando ela se manifesta em reza, festa, dança, batuque, comida e camaradagem. Meus deuses nada mais são que o olhar da poesia sobre o que me cerca.

A ciência vê no fogo a oxidação de um material combustível que libera calor, luz e produtos da reação, tais como o dióxido de carbono. A poesia dos homens, na Mãe África, viu no fogo a força de Xangô. Eu creio na verdade da ciência, mas me emociono com o canto e a dança. Por isso, diante do fogo, bato cabeça para Xangô e venero no rito — não o deus — a poesia do mundo, o encantamento dos homens e a celebração do mistério que já não há.

A razão, quando vê a natureza, produz ciência. A poesia, quando faz a mesma coisa, vê os deuses e orixás. A mirada da arte começa onde a ciência não consegue contemplar a aspiração dos homens pelo que não é tangível — e esses olhares, para mim, não se excluem. Eu não acredito em deuses, mas creio nos homens que rezam e, deste modo, se integram ao todo — o conjunto de deuses sem Deus — que algum acaso provavelmente produziu.

É exatamente por isso, como homem sem fé, grávido de ritos, que me comovo com a celebração do Círio de Nazaré, no segundo domingo de outubro, em Belém do Pará. Em proporção mais modesta, mas nem por isso menos comovente, o Círio também acontece no Rio de Janeiro, quando a comunidade paraense fecha a Rua Haddock Lobo, na Tijuca, para louvar a santa.

Me emociono com a história de certo Plácido, caboclo ribeirinho, que em 1700 achou, à beira do igarapé Murucutu, uma pequena imagem de Nossa Senhora de Nazaré. Plácido cuidou da imagem, bastante desgastada pelo tempo, e montou um modesto altar em sua casa. Diz o povo que a imagem voltou, misteriosamente, ao local onde tinha sido encontrada algumas vezes. A santinha queria mesmo ficar no igarapé.

O caboclo Plácido viu na volta da santa um sinal divino e, por isso, ergueu uma ermida à beira do Murucutu. O povo simples, sabendo do milagre da volta da imagem, passou a visitar a ermida e reverenciar Nossa Senhora. A festa do Círio de Nazaré, até hoje, reproduz o misterioso retorno da santinha ao local onde fora encontrada.

Se a fé me falta, sobra o apreço pelos ritos do povo. O Círio, ao longo dos tempos, se transformou em vigorosa celebração da vida em comunidade. Comidas, cantos, louvores, brinquedos, leilões, namoros, cheiros e licores bordam a festança daquilo que constitui, para mim, o verdadeiro sentimento religioso do Brasil — afeto celebrado em festa e recriação, pelo rito, da miudeza provisória da vida.

É esse Brasil ritualizado que, temo, pode estar se perdendo em meio ao desencantamento trazido pela intolerância dos fundamentalismos. Sei, por exemplo, que ano após ano crescem as pregações evangélicas contra a festa paraense. Soam tristemente, feito berrantes que chamam o gado, as trombetas que tangem o povo para os currais eleitorais de uma fé não ritualizada e desprovida da capacidade de reinventar os mundos.

O meu Brasil, o do Círio do Nazaré, é o que não comporta intolerâncias e celebra o apreço entre as gentes, em suas aspirações de beleza.

bela turca, a senhora do tambor

SÃO LUÍS DO MARANHÃO possui duas veneráveis casas matrizes de tambor de mina, religião de base afro-brasileira; a Casa Grande das Minas e a Casa de Nagô. A primeira cultua apenas os voduns, a segunda cultua também orixás, encantados e caboclos. A Casa de Nagô deu origem a inúmeros terreiros que difundiram a encantaria por toda a ilha de São Luís.

Do Maranhão, o tambor de mina chegou ao Pará, travou contato com a pajelança indígena e ganhou outras cores, absorvendo inúmeros novos encantados ao seu panteão. Quero fazer algumas observações sobre eles, os encantados, entidades que me fascinam profundamente e bordaram de alumbramentos minha infância.

Vale esclarecer algumas dúvidas. Na encantaria, por exemplo, o termo caboclo não é sinônimo de entidade ameríndia, podendo ser genericamente utilizado para designar entidades de variadas origens. Os caboclos, ou encantados, se reúnem em famílias, com um chefe e suas linhagens, que abrangem turcos, índios, reis, nobres, marujos, princesas etc.

Os encantados não são espíritos desencarnados; são pessoas, ou até animais, que viveram mas não chegaram a morrer, sofreram antes a experiência do encantamento e foram morar no invisível. De vez em quando saem de lá, pegam carona na asa do vento e chegam à terra, no corpo dos iniciados, para dançar, dar conselhos, curar doenças, jogar conversa fora e matar as saudades do povo que continua por aqui.

A família mais famosa de encantados é a do Lençol. Dizem que lá, na praia do Lençol, no Maranhão, mora o Rei Dom Sebastião, que se encantou durante a batalha de Alcácer-Quibir. Essa família é formada apenas por reis e fidalgos. A vinda do Rei Dom Sebastião ao corpo de uma sacerdotisa é muito rara, alguns falam que ocorre de sete em sete anos. Da família do Lençol fazem parte ainda, dentre outros, Dom Luís, o rei de França; Dom Manoel, conhecido como o Rei dos Mestres; a Rainha Bárbara Soeira; Dom Carlos, filho de Dom Luís; e o famoso Barão de Goré, tremendo cachaceiro e chegado num furdunço dos brabos.

Outra família famosa de encantados é a da Turquia, chefiada por um rei mouro, Dom João de Barabaia, que lutou contra os cristãos. É a esta família que pertence a Bela Turca, a cabocla Mariana, que vem ao mundo não apenas na forma de turca, mas também como marinheira, cigana ou índia.

A casa de santo de minha avó, Mãe Deda, tinha forte influência de duas tradições, o candomblé do Xambá pernambucano e a Encantaria maranhense. Tive a oportunidade de ver Toia Jarina, o Barão de Goré e de conversar algumas vezes com Dona Mariana, que nessas ocasiões falou da minha vida e me deu conselhos absolutamente pertinentes. Sempre que este privilégio aconteceu, a Bela Turca apresentou-se como uma marinheira. Lembro-me, comovido, da cantiga que era entoada para saudar Dona Mariana, a desbravadora do tambor de Mina:

> *Lá fora tem dois navios*
> *No meio tem dois faróis*
> *É a esquadra da marinha brasileira*
> *Mariana*
> *Lá na praia dos Lençóis...*

Já pensaram, amigos, o que um cartesiano de carteirinha, um filho da tradição racionalista das luzes, diria disso tudo? Eu não faço, confesso, lá muita questão de saber. Prefiro acreditar, como disse o mestre João Rosa, que o homem não morre; o homem se encanta. Se assim me foi contado, é assim que eu conto.

a morada do rei dos índios

OS MAIS VELHOS DO terreiro de xambá e encantaria de minha avó, onde cresci, me ensinaram a respeitar árvores floridas, rios largos, pedras miúdas, remansos e ventanias. Há que se considerar a possibilidade da borda do vento ser a morada de algum encantado. Rio é orixá, vento é inquice, maré é vodum, pedra de riacho é encantamento de bugre. Assim aprendi — e não me importa a crença, que tenho pouca — mas me vale o rito, que conforta e desvela o mundo na reinvenção da vida e me permite louvar a ancestralidade.

Existem os encantados e os eguns. Eu convivi, conversei, tomei esporro, fui confortado e aprendi com gente das duas naturezas. Tento alumiar a diferença.

Minha avó, por exemplo, trabalhava com o caboclo Peri, um índio que teve vida terrena, morreu e se transformou numa poderosa entidade, baixando na cabeça dos seus filhos e filhas para dar consultas, sempre esbanjando sabedoria. Dos cantos desse caboclo, meu predileto é o belíssimo ponto de partida, entoado na hora em que Seu Peri deixa a guma para voltar ao invisível:

> *Adeus Seu Peri, adeus*
> *A sua banda lhe chama*
> *Ele já vai oló*
> *(Ele já vai oló)*
> *Sua macaia, macaiana*
> *Como fica só...*

Seu Peri não pode ser considerado um encantado, já que sofreu a morte física. O encantado é aquele que não conheceu a experiência da morte, transformando-se, em vida, num vento, numa rocha, numa praia, numa árvore, numa folha, nas areias do fundo do mar, dos desertos e das serras. Encantou-se ou ajuremou-se, como alguns antigos preferem dizer.

Minha mãe carnal trabalhava com Japetequara (ou Jabetequara, segundo alguns), um exemplo de encantado. Reza a tradição que Japetequara, conhecido também como rei dos índios, foi um turco que chegou ao Brasil no século XVII e encantou-se numa árvore de sucupira, castanho-escura, pesada e resistente, da floresta amazônica. Quando vem na guma, dança curvado, como um velho honorável, e é recebido por alguns cantos fabulosos. O meu predileto é o seguinte:

> *Ainda flora a sucupira*
> *Ainda flora o guerreiro*
> *Ainda flora a sucupira*
> *Caboclo velho é flecheiro*
> *Ê caboclo velho*
> *Das barras do Ariri*
> *Lagoa grande secou*
> *Todos morreram*
> *Eu não morri!*

Enquanto o canto de seu Peri fala em 'ir oló', termo muito ligado ao conceito de morte física, o canto de Japetequara afirma que ele não morreu, passou a viver ajuremado — encantado — nos folíolos coriáceos e nas flores em panículas do tronco da sucupira velha; vez por outra ele aparece para desfilar sua fidalguia entre o povo da terra.

É por isso que não conheço coisa mais bonita que os mistérios do encanto. Enquanto o mundo se consome em um desvario produtivista que enxerga o grande rio — um Orixá! — como um potencial gerador de energia para grandes empreendimentos e restringe a isso o seu papel, eu, com um olhar insistente de menino que cresceu na guma, digo que a coisa estaria muito melhor se todos vissem a natureza com o respeito do povo do tambor.

Como podem derrubar a sucupira amazônica onde vive, ajuremado no encanto, o mestre turco, rei dos índios e caboclo do Brasil, o velho Japetequara, que eu vi dançar pelo corpo de minha mãe? É ele, o índio velho encantador de mundos, que brada quando floresce e abranda de suavidades a dureza do tronco escuro.

o segredo de ossain

AQUILO QUE CURA também pode matar. Veneno e remédio são irmãos e moram no axé da mesma folha. É desta forma que Ifá nos esclarece sobre a natureza do orixá Ossain, o senhor das plantas medicinais e litúrgicas, dono das matas cerradas e densas florestas.

Meditar sobre Ossain coloca o homem diante de perguntas das mais pertinentes sobre a nossa condição e relação com o mundo: determinada coisa é a minha cura ou condenação? Liberta ou escraviza? Quem é o verdadeiro escravo, o cativo ou o seu dono?

Dizem que Ossain — que vivia pelas matas ao lado de seu escravo Aroni — recebeu o poder de Olodumare para conhecer o mistério das folhas. Guardou as folhas todas numa cabaça pendurada no galho de uma árvore. Um dia, Iansã, muito curiosa, enfeitiçou os ventos para que eles derrubassem o galho da árvore e espalhassem as folhas sagradas pela floresta. Os demais orixás, então, recolheram determinadas folhas e passaram a considerá-las como suas.

Esse conto de Ifá, o corpo literário e filosófico dos iorubás que está em pé de igualdade com os mais belos sistemas de pensamento que a humanidade concebeu, é uma poderosa alegoria sobre a difusão do saber pelo mundo. A curiosidade espalhou o conhecimento e difundiu o segredo.

Havia, porém, um problema. A folha, para se transformar em remédio, tem que ser potencializada pela palavra e o canto. Só o encantamento pelo verbo é capaz de dotar a folha de seus atributos de cura. A ausência da palavra não potencializa a folha. A utilização da palavra errada transforma em veneno o que era para ser o bálsamo.

Os orixás, então, mesmo tendo recolhido as folhas que o vento de Iansã distribuiu, precisavam ainda de Ossain, porque só a ele Olodumare dera o conhecimento das palavras e dos cantos capazes de dotar as folhas do axé. E é essa a função de Ossain desde então: potencializar a folha pela palavra e dotar a planta da capacidade de vida e morte.

Ossain é, portanto, dos orixás mais perigosos, sedutores e desafiadores. É o senhor da expressão certa que nos cura e o conhecedor da palavra que, mal colocada, pode destruir a vida.

Ossain mostra o poder da palavra que vira poema, canto, evocação do mistério, libertação e vitalidade.

Ossain alerta para o poder da palavra que desarmoniza, é declaração de guerra injusta, dureza de pedra, escravidão e perda do axé — a morte.

Ossain ri e zomba dos homens que não sabem o que fazer com o verbo. São estes, curiosamente, os que mais falam, escrevem, manifestam aguerridas opiniões sobre tudo...

Encanta a folha com a tua palavra, mas não faz do teu verbo a serpente que envenena o mundo. Eis o desafio poderoso que Ossain nos lança todos os dias e está expresso em um dos seus mais famosos orikis.

É por isso, segundo a filosofia nagô, que os Babalossain — sacerdotes de Ossain e conhecedores dos atributos do encantamento das plantas — são os mais calados dentre os sábios. Eles sabem exatamente que o *homem que diz sou, não é.*

Por conhecer o teor de veneno e remédio que cada palavra guarda, os que reverenciam o senhor das folhas, se não podem encantar o mundo, preferem silenciar.

Ossain ensina até mesmo, com a profundidade do saber ancestral que transcende os tempos, sobre tecnologias de ponta, redes sociais, aplicativos, mundo do trabalho etc. Pode não parecer, mas é sobre isso — tendo Ossain como referência — que estou pensando.

Remédio e veneno, afinal, moram na mesma folha, e aquilo que liberta pode nos escravizar.

são cosme e são damião

SOU DEVOTO AMOROSO do Brasil e dos seus encantamentos. Nesse ponto, e dou o braço a torcer, quem está certo é o velho compositor baiano: "quem é ateu e viu milagres como eu"... E nossos milagres, camará, são muitos, temperados por tambores e procissões; pela Virgem no andor, o caboclo na macaia e o preto velho no gongá.

Somos, os brasileiros, filhos do mais improvável dos casamentos, entre o meu compadre Exu e a Senhora Aparecida — a prova maior de que o amor funciona. E Tupã, que se vestiu com o cocar mais bonito para a ocasião, celebrou a cerimônia entre a cachaça e a água benta.

Uma das nossas mãos está calejada pelo contato com a corda santa do Círio de Nazaré — a outra tem os calos gerados pelo couro do atabaque que evoca as entidades. As mãos do Brasil e do seu povo.

Nossos ancestrais passeiam pela vastidão da praia sagrada dos índios de Morená, retornam à Aruanda nas noites de lua cheia, silenciam no Orum misterioso das almas e florescem encantados nas folhas da Jurema.

Os guerreiros de nossas tropas trazem a bandeira do Humaitá, o escudo de Ogum e o estandarte da pomba branca do Divino Espírito Santo — a mesma pomba que pousou na ponta do opaxorô de Obatalá. São essas as nossas divisas de guerra e paz; exércitos do Brasil.

E digo isso porque chegou o dia de Cosme e Damião. Dia brasileiro dos santos estrangeiros e orixás africanos. Dia de igreja aberta, missa campal, terreiro batendo, criança buscando doce, amigos bebendo saudades e aconchegos. Dia de comer caruru na rua.

A tradição brasileira de Cosme e Damião é a mais festiva do mundo. O bom, nessas horas que antecedem as folganças dos santos gêmeos, é vadiar no clima da folia, tomando pinga e ouvindo umas cantigas bonitas sobre os protetores dos meninos.

É hora de bater samba de roda pra Dois-Dois, na palma da mão e no ponteio da tirana. Aqui em casa toquei a alvorada lembrando as cantigas mais bonitas que conheço em homenagem aos gêmeos. É de comover pedra!

Quando ouço as louvações pros santinhos, tenho forte desconfiança de que ainda morro um dia de tanta belezura do Brasil — um amor que não se explica, feito cachaça da boa, jabuticaba, sorvete de cupuaçu, beira de rio, gol do meu time, cerveja gelada, mulher amada, amigos do peito e caruru de Cosme.

E que no dia de cantar pra subir, um samba de roda desses me carregue ao encontro dos meus pela Noite Grande.

ogum, senhor das técnicas e artes

DENTRE OS ORIXÁS AFRICANOS mais populares no Brasil e em Cuba, países em que o conhecimento de Ifá se estabeleceu com significativa força, está certamente Ogum. Creio também que Ogum é, por incrível que pareça, um orixá mal compreendido do lado de cá do Atlântico.

Ogum ocupa, na mitologia dos iorubás, a função do herói civilizador e senhor das tecnologias. Foi ele, por exemplo, que ensinou o segredo do ferro aos demais orixás e mostrou a Oxaguiã como fazer a enxada, a foice, a pá, o enxadão, o ancinho, o rastelo e o arado. Desta maneira, permitiu que o cultivo em larga escala do inhame salvasse da fome o povo de Ejigbô. Em agradecimento ao ferreiro, Oxaguiã passou a usar em seu *axó funfun* — a roupa imaculadamente branca da corte de Obatalá — um laço azul, a cor de Ogum.

Ogum também ensinou aos orixás como moldar na forja os adornos mais bonitos e os utensílios que enfeitam as danças dos deuses entre os homens. Desprovido de ambições materiais, recusou a coroa e entregou toda a riqueza que acumulara a uma simples vendedora de acaçá que lhe pedira esmola.

Ogum é irmão dileto de Exu. Recusou, em um dos poemas do Ifá, oferendas suntuosas. Mandou que os presentes fossem entregues a Exu e disse: "quem agrada e cuida do meu irmão é aquele que verdadeiramente me agrada". Ao burburinho das cortes, preferiu a solidão das matas e das grandes caçadas ao lado de Odé. Aos trajes suntuosos, preferiu a simplicidade da roupa feita com as franjas das folhas do dendezeiro.

Ogum virou general para acabar com as guerras. Em um mito de extrema beleza, Ajagunã brigava sem parar e não atendia aos apelos de nenhum orixá. Ogum se aproximou de Ajagunã e disse: "Babá, me entregue as suas armas e o seu escudo; eu faço a guerra para que o senhor descanse". Ajagunã entregou os utensílios de batalha a Ogum — que prometeu jamais usá-los em um conflito desnecessário.

O mito de Ogum mais difundido no Brasil, entretanto, é outro. Refiro-me ao episódio em que ele volta, após uma longa temporada de caça e guerra, ao povoado de Irê. Ogum chega a Irê no dia dedicado, segundo a tradição, ao silêncio absoluto. Em virtude desse dia do silêncio, Ogum não foi saudado pela população da forma como esperava. Enfurecido, se considerando injustamente desprestigiado, pegou sua espada, destruiu as casas, ruas, praças e mercados, massacrou todo o povo e tomou banho com o sangue dos que acabara de matar — amigos, inimigos, familiares e desconhecidos.

Pouco tempo depois, um único sobrevivente reverenciou Ogum e disse que o povo não o saudara em virtude da tradição do silêncio. Ogum ficou inconsolável e admitiu que se esquecera do ritual. Profundamente arrependido do banho de sangue — pelo qual jamais se perdoou — resolveu desistir de caçadas e guerras, cravar sua espada no solo e sumir na terra, virando para sempre um orixá. Desde então, Ogum respeita o silêncio dos homens e não gosta de gritarias.

Um dos versos mais famosos de Ogum — aquele que tendo água em casa se lava com sangue — se refere exatamente a este episódio emblemático, o mais lamentável na trajetória do grande herói civilizador do povo iorubá, e do qual o ferreiro se arrependeu com todas as suas forças. Esse verso, retirado do contexto do mito, perde todo o sentido que a sabedoria de Ifá estabeleceu — está aí, na reação intempestiva, a negatividade, a perda do axé, da energia de Ogum.

A partir dessas histórias, as mais emblemáticas e que fundamentam o culto a Ogum, chego ao ponto que me parece crucial. No Novo Mundo, especialmente no Brasil e em Cuba, a face mais marcante do orixá — a do ferreiro, patrono da agricultura, professor de Babá Oxaguiã, inventor do arado, desligado de bens materiais, senhor das tecnologias que mataram a fome do povo e permitiram a recriação de mundos como arte — praticamente desapareceu.

A explicação não é nova: a agricultura nas Américas estava diretamente ligada aos horrores da escravidão. Como querer que um escravo, submetido ao infame cativeiro e aos rigores da lavoura, louvasse os instrumentos do cultivo como dádiva? Como enxergar no arado, na enxada e no ancinho instrumentos de libertação, quando os mesmos representavam a submissão ao senhor e sabendo que o fruto da colheita não pertencia a quem arava o solo?

Ogum foi perdendo, então, o perfil fundamental de herói civilizador — a maior de suas tantas belezas. Seu culto entre nós, cada vez mais, se ligou apenas aos mitos do guerreiro. Ogum é o general da justiça e da reparação contra o horror do cativeiro, mas pode ser também o guerreiro louco e implacável que, assim como salva, é capaz de destruir aqueles que ama e viver na solidão absoluta.

Prevaleceu na diáspora, portanto, o Ogum do qual o próprio Ogum, em larga medida, se arrependeu: o intempestivo guerreiro que, em um momento de incontrolável acesso de fúria, foi capaz de se lavar com o sangue do próprio povo. Envergonhado desse banho, preferiu deixar a terra e viver no Orum.

Faço essas observações porque sobre elas reflito constantemente. A razão é simples: sou filho de Ogum, iniciado no culto ao grande orixá. Passei pela cerimônia que me permite usar a faca consagrada do meu pai. Os que são do santo sabem o que quero dizer com isso, e é suficiente.

Ogum é meu pertencimento mais profundo. Mora dentro de mim como mora no magma da terra. Sei que sou capaz da criação — Ogum é, antes de tudo, um criador —, mas sei também que sou capaz da fúria. Sou filho do deus que criou a civilização com o arado e destruiu-a com a espada. Posso ser capaz, como meu pai, da canção e do martírio. Flor e afiada faca.

Um grande babalô, em certa ocasião, recitou para mim um poema de Ifá com a seguinte trama: um filho de Ogum perguntou ao oráculo quem era o seu maior inimigo e como fazer para encontrá-lo e destruí-lo. Orunmilá determinou que esse homem fizesse sacrifícios com galos e caramujos e seguisse determinado caminho. No final da vereda o inimigo o estaria aguardando para o combate. Assim foi feito.

Após longa caminhada, o homem atingiu o fim da estrada e encontrou apenas um pequeno lago de águas cristalinas. Julgando que o algoz ainda não chegara, resolveu lavar as mãos no lago. Ao se agachar o homem viu, com nitidez impressionante, a sua própria imagem refletida no espelho d'água.

Era a resposta de Ifá.

A arte da criação e o exercício da simplicidade generosa é, para os filhos de Ogum, o descanso na loucura e a única maneira de domar o inimigo que (me) espreita ao final de cada jornada.

iemanjá para os devotos de ocasião

SEMPRE QUE CHEGA o fim do ano, o babado se repete: muitos cariocas e turistas se transformam em devotos potenciais de Iemanjá. Mesmo aqueles que não fazem a mais vaga ideia sobre o que é um orixá, jogam flores no mar, pulam ondas, fazem pedidos, chamam, cheios de intimidade, o orixá de Mamãe Sereia e o escambau. Artistas, então, adoram a papagaiada e gostam de lançar barquinhos no *réveillon* da Ilha de Caras. É a folclorização — para o bem e para o mal — do rito. Há os que, sem saber cantar ou saudar a orixá, apelam logo para o refrão do samba de 1976 do Império Serrano e mandam na lata, achando que é ponto de macumba:

> *Ogunté, Marabô,*
> *Caiala e Sobá*
> *Oloxum, Inaê*
> *Janaína, Iemanjá*

Resolvi, portanto, prestar um serviço de utilidade pública aos devotos de ocasião e explicar o que é que o refrão acima significa, palavra por palavra. Ao trabalho:

OGUNTÉ: É uma qualidade importantíssima de Iemanjá entre os nagôs. Em alguns mitos é a mãe de Ogum; em outros, é a mulher de Ogum Alabedé. É uma Iemanjá guerreira, jovem, que quando dança, porta uma espada. Cuidado com ela; está muito longe de ser a sereia maternal que o sincretismo consagrou. Ogunté ensinou a Ogum como se guerreia e se apresenta sempre ao lado dele. Imaginem. As filhas de Ogunté que eu conheço não são moles.

MARABÔ: Aqui temos um probleminha bobo. Iemanjá Marabô simplesmente não existe. Marabô é uma corruptela de Barabô, um dos nomes de Exu. A denominação vem de um famoso cântico muito executado no Brasil e em Cuba: "Ibarabô, agô mojubá, Elegbara..." (algo como, 'Eu homenageio e peço a proteção de Elegbara'). O que significa, então, o Marabô no samba?

É provável que a citação do samba a Marabô venha de um dos cânticos mais famosos do candomblé dedicado a mãe das águas. O cântico diz: "Awá ààbò à yó, Yemanja..." Em geral o povo de santo canta esse início — Awá ààbò — dizendo "Marabô a yó...", o que não tem sentido preciso em português. A frase yorubá significa aproximadamente 'estamos protegidos, Iemanjá.' Quebrei a cabeça para saber de onde saiu esse Marabô. Acho que a citação provavelmente vem do início desse canto. Justifico, portanto, o Marabô no samba dizendo que é uma adaptação para a sonoridade do português da saudação 'Iemanjá nos protege'.

CAIALA: É um dos nomes de Quissimbe, o inquice (quase a mesma coisa que o Orixá para um nagô) banto responsável pelos mistérios das águas. É corruptela de Nkaia Nsala, que significa literalmente 'avó da vida'. É uma entidade velha e maternal, cujo culto desenvolveu-se na região do Congo-Angola. Seu culto no Brasil permanece, em larga medida, graças aos conhecimentos da venerável casa de Angola Kupapa Unsaba e pelos descendentes de Tatetu Apumandezo, patriarca do culto muxicongo no Brasil.

SOBÁ: É uma das formas de se chamar no Brasil uma qualidade de Iemanjá denominada 'Assabá'. Orixá velho e poderoso, aparece nos mitos de Ifá mancando e fiando algodão. Sua dança é venerável e lenta.

OLOXUM: É a denominação dada aos sacerdotes de Oxum, a senhora dos rios e cachoeiras. É também um dos nomes de Oxum no Xambá nordestino — culto em que minha avó foi iniciada. Achei interessante e meio fora de prumo a citação a Oxum — outro orixá das águas ligado ao instinto maternal — no samba. Como, entretanto, é carnaval (sim, *réveillon* é carnaval), vale tudo, inclusive inventar essa Iemanjá Oloxum e pedir que ela, apesar de não existir, nos proteja.

INAÊ: Um dos nomes da rainha do mar. Segundo Yeda Pessoa de Castro — grande conhecedora das línguas africanas no Brasil — o termo tem origem fon (povo jeje, do antigo Daomé) e deve vir de *inon* (mãe) e *nawé* (um título respeitoso).

JANAÍNA: Uma das formas sincréticas de se referir à Iemanjá no Brasil. É muito citada nos pontos de umbanda.

IEMANJÁ: Eis a dona da festa! A poderosa orixá que, na África, comanda os rios quando estes estão chegando ao mar. Para os nagôs, o orixá ligado ao axé dos oceanos é Olokum. Como o culto a essa poderosa entidade — Olokum — quase sumiu no Brasil, Iemanjá passou a ser considerada por aqui a senhora das águas marítimas. No país Yorubá, as oferendas a Iemanjá são feitas no encontro das águas do rio com o mar.

Para os que querem saudar devidamente Iemanjá, uma dica: vale pronunciar, sem dar piti e gritar a ponto de assustar a orixá, simplesmente *Èéru Iya!* ('Mãe das espumas das águas' — saudação que faz referência às espumas formadas pelo encontro das águas do rio com as do mar).

iku, um orixá

OS MAIS VELHOS contam que Olodumare, o Deus maior, um dia deu a Obatalá a tarefa da criação dos homens, para que eles povoassem o Ayê — esse nosso mundo visível. Não foi um ato de misericórdia ou amor que determinou que o ser humano fosse criado; Olodumare fez isso em um momento de vaidade, do qual em algumas ocasiões arrependeu-se amargamente.

Obatalá moldou os homens a partir de um barro primordial; para isso, pediu a autorização de Nanã, a venerável senhora que tomava conta daquele barro. Os seres humanos, depois de moldados, recebiam o emi — sopro da vida — e vinham para a terra. Aqui viviam, amavam, geravam novos homens, plantavam, colhiam, se divertiam e cultuavam as divindades.

Aconteceu, porém, que o barro do qual Obatalá moldava os homens foi acabando. Em breve não haveria a matéria primordial para que novos seres humanos fossem feitos. Os casais não poderiam ter filhos e a terra mergulharia na tristeza trazida pela esterilidade. A questão foi levada a Olodumare.

Ciente do dilema da criação, Olodumare convocou os Orixás para que eles apresentassem uma alternativa para o caso. Como ninguém apresentou uma solução, e diante do risco da interrupção do processo de criação dos homens, Olodumare determinou que se estabelecesse um ciclo. Depois de certo tempo vivendo no Ayê, os homens deveriam ser desfeitos, retornando à matéria original, para que novos homens pudessem, com parte da matéria restituída, ser moldados.

Resolvido o dilema, restava saber de quem seria a função de tirar dos homens o sopro da vida e conduzí-los de volta ao todo primordial — tarefa necessária para que outros homens viessem ao mundo.

Obatalá esquivou-se da tarefa. Vários outros Orixás argumentaram que seria extremamente difícil reconduzir os homens ao barro original, privando-os do convívio com a família, os amigos e a comunidade. Foi então que Iku, até então calado, ofereceu-se para cumprir o desígnio do Deus maior. Olodumare abençoou Iku. A partir daquele momento, com a aquiescência de Olodumare, Iku tornava-se imprescindível para que se mantivesse o ciclo da criação.

Desde então, Iku vem todos os dias ao Ayê para escolher os homens e mulheres que devem ser reconduzidos ao Orum. Seus corpos devem ser desfeitos e o sopro vital retirado para que, com aquela matéria, outros homens possam ser feitos — condição imposta para a renovação da existência. Dizem que, ao ver a restituição dos homens ao barro, Nanã chora. Suas lágrimas amolecem a matéria-prima e facilitam a tarefa da moldagem de outros homens.

Iku é, desde então, o único Orixá que tem a honra de baixar na cabeça de todas as pessoas que um dia passaram pelo Ayê. É por isso que no Axêxê, o ritual fúnebre que celebra, prepara e comemora a volta dos homens ao todo primordial, prestam-se homenagens a Iku — com cantos de júbilo e louvação que, mais que a morte, reafirmam o mistério maior — a possibilidade de outras e outras vidas.

Assim diziam os mais velhos, que jamais vestiam luto, em sua infinita sapiência.

desafios, gritos de guerra e parraxaxás

OS CANTOS E DANÇAS de desafio são constantes ao longo da história humana. Na Ilíada, por exemplo, encontramos uma penca de cantos de provocação ao adversário. Torcidas de futebol, nos bons tempos em que os grandes clássicos pareciam odisseias, eram especialistas em espezinhar os rivais com gritos de guerra e coreografias que fariam Ulisses parecer tão agressivo quanto Poliana, a moça. Até a torcida do América já fez tremer as arquibancadas com o potente desafio ao som de "Sangueeeeeeeeee!" — referência ao rubro da camisa e tentativa de intimidar os adversários.

Meu primo Luizinho foi membro da torcida Jovem Cadete, a maior organizada do São Cristovão de Futebol e Regatas. Em certa ocasião, durante um embate contra o Olaria, logo após um tento do esquadrão do São Cri-Cri, Luizinho virou-se para os dois torcedores do Olaria presentes, segurou os bagos, deu dois saltos e entoou o canto fabuloso:

> *Não tem conversa*
> *Nem lero-lero*
> *O São Cristovão*
> *Manda em Figueira de Melo.*

O canto do Luizinho foi escutado num raio que engloba a feira de São Cristovão, a Quinta da Boa Vista e a estação de trem da Leopoldina.

É famosa também, nessa questão dos cantos de arenga, a tradição do parraxaxá, nome dado aos insultos entoados pelos cangaceiros nos intervalos de batalhas. Todos os grupos de cangaceiros tinham um vasto repertório de cantos de guerra para desestabilizar os adversários da polícia. O bando de Jesuíno Brilhante, o maior gentil-homem da história do cangaço, costumava entoar o seguinte brado:

> *Sou do bando de Jesuíno*
> *Não respeito policiá*
> *Tenente até caga fino*
> *Na ponta do meu punhá.*
> *Eu num respeito fardado*
> *Soldado nunca foi gente*
> *Meu avô morreu de velho*
> *Dando carreira em tenente.*

Os cantos de insulto também são comuns nas rodas de capoeira, no partido-alto, nas curimbas (dizem que Seu Sete, o Rei da Lira, foi tocador de viola e repentista dos bons), nos xaxados, nas amarrações do jongo e nos desafios de violeiros. A música brasileira ficou marcada pela famosa troca de insultos entre Noel Rosa e Wilson Batista, que rendeu ao cancioneiro popular um punhado de sambas da melhor qualidade. No final da refrega, que envolveu rabo de saia, os gênios viraram parceiros.

Da minha parte, especialmente após tomar doses generosas da 'que matou o guarda', sou capaz de topar os desafios mais inusitados — sem a porrada física, é claro, já que faço o gênero 'Tarzan, o filho do alfaiate'. A exceção é quanto a um ponto de Exu Tranca-Rua, perigosíssimo, que já escutei da boca do próprio em uma festa de curimba em Nova Iguaçu. Cantou Seu Tranca a um incauto cidadão que bancava o engraçadinho no terreiro:

>*Eu sou Exu Tranca-Rua*
>*E vim te desafiar*
>*Quem promete a Tranca-Rua*
>*Antes tem que pagar.*
>*Se você não me confia*
>*É só responder agora*
>*Eu sou Exu Tranca-Rua*
>*Eu moro onde você mora.*

Esse desafio, confesso aos malungos, eu não encaro de forma nenhuma.

o recado de exu

DIZ UM POEMA de Ifá que certa feita um comerciante, estabelecido no mercado de Oyó, consultou Orunmilá para saber qual seria a melhor coisa a fazer nas horas vagas. Como trabalhava demasiadamente, o mercador queria aproveitar os raros momentos de lazer da melhor forma possível. Orunmilá consultou o oráculo e disse ao homem que a resposta para aquela pergunta quem tinha era Exu.
    O homem procurou Exu, ofereceu a ele um galo, marafo e um pouco de tabaco e perguntou:
    — Exu, o que devo fazer nas poucas horas vagas que tenho? Como posso aproveitar meu tempo tão curto?
    Exu escutou o mercador, tirou do bornal uma flauta, tocou o instrumento e respondeu:
    — Passe a trabalhar nas horas vagas.
    — Mas Exu, eu já trabalho tanto! Orunmilá não pode estar falando sério quando diz que você tem a resposta para minha dúvida. Eu vim saber como aproveitar as horas vagas e você me diz para trabalhar... Não devo ter tempo para ouvir música, recitar poemas, conversar com meus filhos, bater tambor, louvar os deuses, amar as mulheres e beber com os companheiros do mercado?

— Claro que deve. A maior parte do tempo.

— Como?

— Passe a fazer isso nas horas em que você costuma trabalhar e trabalhe apenas nas horas que hoje são vagas. Foi isso que eu disse. Não entendeu, meu bom?

E então Exu gargalhou, pegou o bornal, guardou a flauta e voltou para a esquina.

A lição de Exu — trabalhe apenas nos tempos vagos — soa como um despropósito dentro da lógica produtivista das sociedades atuais. A resposta de Bará — outra maneira de se nomear Exu, oriunda de Elegbara, o dono do corpo — é incompatível com sociedades caracterizadas pelo desejo de consumir. Estamos, afinal, uma etapa adiante da sociedade de consumo. Somos a sociedade do desejo do consumo, a sociedade que não ouviu o conselho de Exu e trabalha de forma alucinada para que o desejo seja saciado — e ele nunca é.

Tristes tempos em que um tênis de marca e um carro do ano viram totens e as árvores e pedras e rios, antes sagrados — morada de orixás, inquices, voduns, ancestrais e caboclos encantados —, são apenas coisas que podem ser modificadas, extintas, profanadas ou mantidas de acordo com a demanda da produção.

Escravos do desejo, acorrentados ao trabalho, lanhados nos pelourinhos virtuais, morreremos de trabalhar nas mãos do mais cruel dos feitores — o desejo insaciável de ter o que, quando possuído, já se torna obsoleto.

Ao não escutar Exu, corremos o risco de que Tempo — que haverá de nos julgar na Noite Grande — nos condene como o povo que sacralizou o carro e profanou os rios.

alabês, runtós e xicarangomos

BRASILEIRO QUE ME PREZO, gosto de tocar tambor. Certa vez estive em um terreiro de umbanda em Piedade, zona norte do Rio, e fiquei tremendamente decepcionado; os pontos eram cantados sem o acompanhamento percussivo — e eu sempre achei que curimba sem tambor é feito a cerveja sem álcool e o arroz sem sal. É coisa sem vitalidade; não rola.

Perguntei ao chefe da casa sobre a ausência dos atabaques. O mais velho respondeu que as entidades já estavam num processo evolutivo bastante avançado e não precisavam mais de tambores batendo. Respeitei, é claro, mas não voltei mais lá, até porque a resposta guardava um tremendo preconceito contra os cultos afro-brasileiros que usam o tambor. É dele, portanto, o tambor, que pretendo falar abaixo, em forma de desagravo e querendo fazer barulho com a mão no couro.

O atabaque, em geral, é feito em madeira e aros de ferro que sustentam o couro. Nos terreiros de candomblé costumamos chamar os três atabaques utilizados de rum, rumpi e lé. O rum, o maior de todos, possui o registro grave; o rumpi, o do meio, possui o registro médio; o lé, o menorzinho, possui o registro agudo.

O trio de atabaques executa, ao longo do xirê — a festança —, uma série de toques que devem estar de acordo com os Orixás que vão sendo evocados em cada momento da festa. Para auxiliar os tambores, utiliza-se um agogô ou gã; em algumas casas tocam-se também cabaças e afoxés.

Não é qualquer 'zé ruela' que pode chegar numa roda de santo e meter a mão no couro. Nas casas de culto keto, os tocadores de atabaque tem o título de ogãs alabês; os jejes chamam os tocadores de runtós e os seguidores dos ritos de angola denominam os músicos de xicarangomos. A iniciação demanda tempo, recolhimento e consagração.

Meu mestre e amigo Nei Lopes, filho de Logun-Edé, ensinou a este filho de Ogum que o termo alabê vem de *alagbe* (o dono da cabaça); runtó deriva da língua fongbé, dos vocábulos *houn* (tambor) e *tó* (pai), formando o sentido de pai do tambor; já xicarangomo vem do quicongo *nsika* (tocador) e *ngoma* (tambor), formando o tocador de tambor.

Nas tradições jeje e keto, os tambores são tocados com baquetas feitas de pedaços de galhos de goiabeira, chamadas aguidavis. O rumpi e o lé são tocados com dois aguidavis; o rum é tocado com uma única baqueta, maior e mais grossa que as outras. Nos candomblés de angola, os três atabaques são percutidos com as mãos, sem o recurso de baquetas. A tradição é séria e tem que ser respeitada.

Aquele chefe de terreiro que desprezou os atabaques não sabe que, para os africanos, o atabaque é mais que um instrumento percussivo; é uma entidade poderosa. Os instrumentos musicais que um terreiro utiliza são consagrados após vários procedimentos litúrgicos, conhecidos e realizados apenas por iniciados. O tambor, como costumamos falar na língua do santo, come. O atabaque, desta maneira, é dotado do axé — potência — que lhe dá o poder de ser a voz que vai até o Orum — a morada dos deuses e dos ancestrais — e chama os orixás, inquices e voduns para que eles tomem as cabeças de suas filhas e dancem entre nós.

É sabido no meio do samba que, nos primórdios dos desfiles das escolas, as baterias eram invariavelmente formadas por ogãs de candomblés. Cada bateria tinha, inclusive, certa linha de toque que remetia ao Orixá ao qual a escola era consagrada. A bateria do Salgueiro, por exemplo, tinha como base do seu ritmo o alujá, toque sagrado de Xangô, o patrono da escola vermelha e branca. Hoje, tempo em que as escolas de samba transformaram-se em empresas e até esquimó desfila tocando tamborim, as diferenças entre as baterias quase não são mais percebidas. É pena.

De minha parte, continuo sendo um entusiasta do tambor e dos terreiros de candomblé como as grandes escolas de formação de percussionistas brasileiros. Há um verso do poeta José Carlos Capinam que expressa com tremenda felicidade essa relação do nosso povo com o atabaque:

> *Há de comer, há de beber e há de tocar tambor...*
> *Não há de comer, não há de beber, mas há de tocar tambor...*

É isso: se para evoluir tiver que parar de tocar tambor, meu chefe, prefiro descascar aguidavi, arrebentar a mão no couro e não evoluir nunca.

Meus respeitos ao rum, ao lumpi e ao lé — entidades poderosas — aos alabês, runtós e xicarangomos que percutem os sons da África no Brasil e aos egunguns dos grandes percussionistas dos terreiros, macaias, gumas e roças do nosso povo.

Mojubá!

entidade nossa

VEIO DA NOITE profunda e do ventre maldito dos tumbeiros. Cruzou a Calunga Grande e, das entranhas da dor, vislumbrou nos céus de Tupã a mesma estrela a anunciar o retorno à Aruanda ancestral, a terra sem males do Morubixaba, seu irmão na mesma sina e guerreiro da mesma guerra.

Com ele, por ele, Nzazi veio batendo seu tambor, Dandalunda abençoou as águas, Lembarenganga amenizou o frio e Vunji manteve na escuridão o sorriso moleque. Oxóssi lhe deu um embornal de flechas certeiras e Ogum, seu irmão, abandonou o arado e ergueu a espada de Marechal de Campo. De Logunedé, o caçador menino, pedra de rio fundo, recebeu a dádiva maior do canto. Olorun, Zambiapongo, lhe deu um samburá de melodias.

Jogou a capoeira escondido pela vastidão de um mar de sambaíbas, arrepiou São Bento Grande e deu volta ao mundo. Gritou machado pro jongueiro velho e pediu licença aos catimbozeiros encantados. Foi ferido, quase de morte, mas resistiu como junco que não quebra. Optou pela luta contra a intolerância e o preconceito e, com seus guerreiros de fé, criou quilombos.

Ergueu o brado de liberdade, o mesmo que cavalgou o vento desde a Serra da Barriga e berra ainda nos nossos ouvidos acomodados. Sentou em trono de rei, ergueu altaneiro o olhar que até hoje desafia. Não humilhou ninguém, não foi humilhado. Vitorioso, fulgura como ancestral maior no firmamento da Grande Noite, na memória do tempo.

Com a coité e a cuia no embornal, ofereço o primeiro gole ao guardião das esquinas, Homem da Rua, e deixo aqui, com as bênçãos dos mais velhos, gravado o nome do deus maior, trilha de todos os Palmares e vivo, profundamente vivo, em cada toque de tambor que chama seus sacerdotes e devotos para o arrepio sagrado que sacode as cadeiras, saracoteia no riscado, arranca a lágrima, arrebenta o peito e recria a primeira noite do mundo:

— Samba.

aniversário de noel rosa

PEÇO LICENÇA AOS CABOCLOS, encantados e malandros deste meu terreiro carioca, minha macaia. Do alto da colina, Nossa Senhora da Penha há de nos guardar. A vida continua na minha cidade, entre uma ou outra rajada de tiros, suspiros dos namorados e um 'putaquepariu' bem colocado para saudar o calor da moléstia. Soltaremos balões proibidos e pipas coloridas, cantaremos uns sambas, cabaços serão apaixonadamente perdidos, alguns morrerão e outros pintarão na área neste dezembro na aldeia.

Mas eu cismo, hoje, em delirar fraseados de Pixinguinha. Comemoro gols de todos os atacantes que eu não vi jogar, defendo pênaltis perdidos, apoio amores desvairados, serestas ao luar, rodas de capoeira, cachaças pros santos e beijo a nobreza em mãos calejadas. Navego rios imundos, sou carpideira de suicídios das putas, brindo em copos quebrados aos beijos partidos, aos cantos dos fodidos e aos passos gingados. A cidade, emaranhada em mim, comove feito o diabo. Porque é hoje.

A estrebaria na Guanabara é um beco suburbano; em todos os botecos, os silêncios, os sambas e as cervejas insinuam o nome de um menino, feito a profecia da natividade sussurrada pelos pastores da noite, homens benditos que fazem do balcão do bar mais vagabundo uma manjedoura. As estrelas incendiadas gritarão um 'Glória a Deus' com a voz quase sumida dos tuberculosos.

Os meninos pobres operarão prodígios, driblarão feito Mané Garrincha e farão com a vida o que Jackson fez quando xaxou com Sebastiana um coco na Paraíba. Cairão estatelados, driblados pelo imprevisto, todos os escrotos, arrogantes, donos de salamaleques, doutores metidos a limpar bosta de galinha com talher de fina prataria. Porque está escrito, marcado, quizumbado, registrado nas curimbas e sacralizado na ginga maneira do Homem da Rua, que há de ser assim.

Dezembro é o mês, portanto, da Natividade. O menino nasceu para esculhambar a paz dos carolas, enlouquecer os padres, exorcizar os bispos, arranhar os caríssimos óculos espelhados, rasgar as bolsas de mil dólares, enguiçar os elevadores de serviço, transformar em manto da anunciação as roupas brancas das babás, esvaziar os discursos dos politicões oficiais de todos os matizes, rebentar as ideologias congeladas, sacanear o quepe do guarda, calar o apito do juiz, dar rabo de arraia no falso malandro, enguiçar os carros, gelar as bebidas e fazer uma baixaria na sétima corda do violão de todo mundo.

Porque foi anunciado que assim seria, e há de ser, no dia 11 de dezembro de 1910. Não nasceu de uma virgem e mostrou, nas andanças entre os seus, que divinas são as damas dos cabarés e todas as boas fodas. O anjo da Boa Nova tinha mesmo a pinta de um malandro maneiro, daqueles que soprou no ouvido de Ismael o 'bumbumpaticumbumprugurundum' que nos redimiu da dor e criou o mundo.

Estava escrito e se cumpriu. Exu murmurou aos homens de boa vontade, quando a tarde caiu naquele dia, com uma leve sincopada para gingar o nome: Noel de Medeiros Rosa!

caboclo da vila

NOEL ROSA É um dos inventores do Brasil, gênio da raça. Deveria ser ensinado nas escolas, cantado nas universidades, bebido nos botequins, saudado nas esquinas e reverenciado nos terreiros.

Noel Rosa é Exu e Oxalá ao mesmo tempo — homem da rua, dono do corpo, malandro maneiro, azougue de céu e terra, civilizador afoito e velho sábio. Feito Obatalá, bebeu o vinho de palma, dormiu na sombra da palmeira, largou a medicina como se larga a tarefa de Olodumare, zombou da sorte, não criou o mundo mas moldou no verso — ritmado em samba — o homem.

Noel Rosa é tapa na cara do preconceito e prova evidente de que o maior elemento civilizador do Brasil é o samba. Não pensou em remover favela — subiu o morro, aprendeu, ensinou, bateu, levou e inventou a vida entre o pandeiro e a viola. Branco azedo entre os pretos, feito camisa do Botafogo.

Noel Rosa é conversa de botequim, futebol no rádio de pilha, conta pendurada, caldo verde pra curar ressaca, conversa fiada, sacanagem no portão, punheta de garoto, 'pera, uva, maçã, salada mista', selo carniça nova, pipa no céu, bola ou búlica, vida pela sete, com tabela na caçapa do meio. Brasil que gosta do Brasil.

Noel Rosa é festa da Penha, novena, quermesse, tambor de mina, sessão de mesa, doce de Cosme, baile nos infernos, flor e navalha, afago e pernada, gol de letra e gol de mão, pomba da paz e galo de rinha, Estácio, Tijuca, Vila — o Brasil que sabe, e Morengueira confirma, que em casa de malandro o vagabundo não pede emprego.

Noel Rosa viveu no tempo em que do morro da Mangueira se enxergava a Vila Isabel. Hoje, entre o Buraco Quente e o Boulevard, existe o prédio da Universidade do Estado do Rio de Janeiro pra esculhambar a vista — e não se ensina o poeta, e não se canta o poeta na universidade: pior pra ela.

Noel Rosa nunca morreu; encantou-se em Vila Isabel aos vinte e seis anos, feito Mestre da Jurema, Zé Pelintra, caboclo de pena, boiadeiro de laço, erê de cachoeira, bugre do mato, malandro da encruza e exu catiço.

Noel Rosa é da família dos encantados que moram nas esquinas, campos de várzea e botecos vagabundos, e baixam quando a noite é grande e a cachaça é farta: Mané Garrincha, Aleijadinho, Bispo do Rosário, João da Baiana, Cartola, Mãe Senhora, Geraldo Assoviador, Villa-Lobos, Bimba, Pastinha, Camafeu de Oxóssi e Lima Barreto são da mesma guma de ajuremados — os caboclos nossos, brasileiros.

Noel Rosa é.

exu cantava coco

JACKSON DO PANDEIRO está para a música brasileira como Mané Garrincha para o nosso futebol. Senhor absoluto na arte do ritmo, o do Pandeiro fazia uns balacobacos com a voz ao cantar seus cocos, xotes, quadrilhas, baiões, sambas, marchas e frevos que só encontram similar na cultura do drible, da ginga, do 'faz que vai, não vai' do anjo torto dos gramados.
    Jackson pintava o sete feito o camisa sete, cantava indo e voltando da linha de fundo até, subitamente, bater em gol ou mandar a redonda pro fuzuê da pequena área. Era versado no gogó e em seus atalhos, como o velho Pastinha fazia ao menear o corpo retinto no jogo de angola. Era Seu Zé chegando das Alagoas e baixando na guma, de terno branco, lenço de seda e o escambau.
    Cresci ouvindo muito Jackson pintar os cavacos. Criado por avós e mãe pernambucana, os sons e os ritmos do nordeste formaram, ao lado do samba carioca, a trilha sonora sentimental que definiu os meus jeitos de escutar o mundo. Nos fuzuês de família, com a malungada, era nesses arrepiados de sanfona e pandeiro, com o zabumba, que a vida festejava suas alegrias. E eram três, os grandes do Norte.

O centenário Luiz Gonzaga, senhor da trindade santíssima da música do nordeste, tinha a majestade de Oxalufã, o pai maior. A sanfona era seu opaxorô; cajado de segredos. O velho Lua vestia o gibão de couro com a fidalguia grande de Babá ao trajar o pano branco.

João do Vale, o segundo da trinca, tinha o olhar desconfiado de Odé e o poder caçador de sua flecha certeira. Fez do carcará — o que pega, mata e come — o pássaro das feiticeiras do país nagô. Passou a vida pisando na fulô e aprendeu o segredo de subir nos ares e brincar na asa do vento — aquele que muita gente desconhece.

E como Jackson jogava nessa linha de frente divina e infernal? O do Pandeiro cantava como Exu, no riscado, na fresta, malandreando no sincopado, desconversando, rindo feito o capeta no coco. Desconfio mesmo que era o dono do corpo, Laroiê, que chegava junto, fungando no cangote do malandro.

Jackson nos deixou em 1982. Foi malandrear, encantado, no terreiro grande do Orum, Aruanda dos pretos, macaia macaiana dos caboclos. Ouvir Jackson é quase um ritual, feito tomar cachaça, pedir licença na encruza, oferecer a do santo, responder o coco na palma da mão, ralar o bucho no forró em Limoeiro, xaxar na Paraíba, arrumar 'encrenca com a mulher do Aníbal' e louvar o mirradinho que ajuremou e cantava pra cacete.

lua do brasil

ZELAÇÃO CRUZOU O CÉU do Araripe naquele dia 13 de dezembro de 1912. Januário delirou de alegria com a chegada de Luiz. Pai do Brasil, gênio da raça, filho da terra, tanto fez e tanto cantou que a gente não sabe mais quem veio primeiro: Gonzaga ou o Nordeste. Forma, ao lado do orixá Dorival Caymmi e do erê Noel, a minha santíssima trindade brasileira — senhor do mapa sonoro das nossas gentes.

Lua é feito banho de rio, balanço de rede, drible, passe, xirê, rabo de arraia, ciranda, quermesse, novena, baticum, asa branca, assum preto, légua tirana, água de cacimba e acauã.

Seu Luiz é o Brasil entranhado e os seus chamamentos, voz da seca e florada no pé da serra, canto ancestral e ancestral do canto, egungun brasileiro, entidade poderosa do povo de cá, totem, cerâmica marajoara, boneco de Vitalino, santo de andor e exu de rua — arrepiando no fole da sanfona que nem Seu Sete da Lira, sedutor de donzelas, faria melhor.

Muito do meu amor pelo Brasil devo ao Lua, ídolo maior dos velhos que me criaram — avô e avó vindos de Pernambuco e das Alagoas. Eles me ensinaram, ao cantar o gigante do Araripe, a acreditar no Brasil insinuante, nó do mundo, ponto de virada, possibilidade de grandeza no rame-rame de suas belezuras.

Lua é a civilidade mais entranhada de alumbramentos; sanfonando o mundo como Besouro recriava o sonho no arrepiado das capoeiras e Mané driblava o desmantelo da vida em beleza na linha de fundo.

Os velhos do candomblé dizem que depois de criar os orixás e as enormidades do universo, Olodumare passou a se preocupar com um detalhe: se os homens estão fadados ao esquecimento, quem saberá rememorar o dia da criação e louvar os seus encantamentos? Quem perpetuará o limiar dos tempos?

Para resolver o dilema, Olodumare concedeu a alguns homens o poder do canto, os secretos da música, da dança e dos chamamentos da poesia — para que a arte celebre o alvorecer da vida e seja capaz de ludibriar a finitude em sons imorredouros.

Luiz Gonzaga é um desses eleitos permanentes do Deus maior, abençoado pelas musas de pés rachados e fulô nos cabelos que serpenteiam, pobres de marré deci, de baixo pra cima o Araripe, com as asas secretas de alforriar os mundos.

santo antônio: ogum, xangô, exu e secretário de segurança

SEI DE MUITA GENTE que anda preocupada com os eventos previstos para a cidade do Rio de Janeiro nos próximos anos. Há quem diga que a cidade não suportará o crescimento do Carnaval, o furdunço da Copa do Mundo de 2014 e as Olimpíadas de 2016. Minha opinião, nesse sentido, é muito clara: a população da cidade do Rio de Janeiro tem a tradição de enfrentar com galhardia as maiores confusões e transformar em festa (para o bem e para o mal) as situações mais desfavoráveis. Os riscos maiores se encontram, podem apostar, nas ações e negligências do poder público. Recorro à História para exemplificar.

Em 1710, pouco depois da notícia de que o ouro tinha sido encontrado em Minas Gerais, o rei francês Luís XIV resolveu enviar ao Brasil novecentos e tantos piratas, sob comando do capitão de fragata Jean-François Duclerc, para pilhar a cidade do Rio de Janeiro.

Os flibusteiros enviados pelo Rei Sol, temendo a barra estreita e as fortalezas da Baía da Guanabara, desembarcaram em Guaratiba, atravessaram os sertões de Jacarepaguá e as matas da Tijuca e rumaram em direção à cidade sem maiores problemas. Nesse momento entrou em cena o governador do Rio na ocasião, o português Castro Morais — apelidado pela população, que tinha o saudável hábito de não simpatizar com governantes, de 'O Vaca'. Retifico a frase: Castro Morais, na verdade, saiu de cena.

Ao receber a notícia de que os homens de Duclerc estavam chegando ao Centro da cidade, Castro Morais tomou a mais inusitada decisão administrativa da história carioca em todos os tempos. Teve um ataque de covardia, se trancou no palácio governamental (no prédio onde hoje fica o Centro Cultural Banco do Brasil) e, de lá mesmo, mandou anunciar que estava passando, em ato administrativo, o comando das tropas ao novo chefe da segurança pública da cidade: Santo Antônio.

É isso mesmo. Santo Antônio, o casamenteiro, morto em 1231, foi oficialmente nomeado comandante das forças de segurança do Rio de Janeiro em 1710. Há quem afirme que uma pequena estátua do santo foi oficialmente empossada no cargo, em rápida cerimônia administrativa.

O pepino sobrou, evidentemente, para a população. As notícias de que o governador estava trancado no palácio sob cuidados médicos, tendo ataques nervosos, e de que Santo Antônio era o novo responsável pela defesa da cidade, levaram o povo do Rio a se virar. E nisso, admitamos, o carioca é especialista.

Os franceses — desgastados pela estratégia maluca de atravessar Jacarepaguá e a Tijuca a pé — foram emboscados no largo da Lapa e atacados das janelas com armas de fogo, óleo fervente, pedras, pedaços de pau, hortifrutigranjeiros e toda a sorte de quinquilharias domésticas. Milícias populares se organizaram com impressionante rapidez. O cacete estancou nas vielas do Centro, com especial destaque para combates corpo a corpo envolvendo escravos, índios, mulheres, crianças, bebuns, padres e devotos. Os estudantes do colégio dos jesuítas deram uma banana para as aulas, formaram uma inusitada artilharia de batinas e, desta forma, mandaram bala nos franceses e evitaram a invasão do palácio do governador.

Depois do furdunço todo, o saldo da quizumba era o seguinte: trezentos e tantos franceses mortos, quatrocentos e poucos presos — dentre eles o próprio Duclerc, que acabou misteriosamente assassinado em sua prisão domiciliar — e outros tantos feridos. O governador, saído do estado de letargia, permitiu que a semana seguinte à vitória fosse dedicada aos festejos populares — como se a população precisasse de alguma autorização do Vaca para celebrar a vida.

A ironia é irresistível. Que me desculpem os fãs da política de segurança dos governos. Os fatos históricos indicam, sem a menor margem de dúvidas, que o maior secretário de segurança pública da história do Rio de Janeiro foi mesmo Santo Antônio. Estou com ele e não abro. Revelam, ainda, a enorme capacidade da população do Rio para dar nó em pingo d'água e se organizar na mais absoluta desordem.

O risco maior é mesmo a síndrome de Castro Morais. Vez por outra o espírito do Vaca gruda no cangote dos nossos governantes e o poder público não cumpre a sua parte, não faz o que deve ser feito e ainda corre o risco de se meter onde não devia. De festa a gente entende; administrar o babado é que são elas. A vocação do Rio, salvação e danação da nossa gente, é, afinal de contas, amanhecer cantando.

Quanto a Santo Antônio, resta dizer que este é craque. Sincretizado com Ogum nos candomblés da Bahia, com Xangô, em alguns candomblés do Recife, e até com Exu, em vários terreiros cariocas, mereceu inclusive ser homenageado com uma curimba das mais populares em nossas macumbas, que o vincula ao povo da rua:

> *Santo Antônio de batalha*
> *Faz de mim batalhador*
> *Corre gira, pombagira,*
> *Tiriri e Marabô.*

seu sete da lira e charles darwin — diplomatas do brasil

QUE ME DESCULPEM o Barão do Rio Branco, as divas consulares do Itamaraty e seus fãs. Seu Sete Rei da Lira, poderoso Exu de terreiros de quimbanda, e o naturalista Charles Darwin, quase cem anos depois de ter morrido, foram fundamentais para o sucesso da diplomacia canarinho durante a Guerra da Lagosta, sensacional querela que envolveu o Brasil e a França no início da década de 1960.

O furdunço começou quando um barco da nossa Marinha flagrou uns conterrâneos espertinhos da Madame de Pompadour pescando lagostas em águas territoriais brasileiras, sem autorização para tal. Botamos, evidentemente, os mariolas pra correr.

Estabeleceu-se, a partir daí, um ardoroso debate sobre a regulamentação da pesca e a respeito do *status* da lagosta como bem patrimonial brasileiro. Os franceses chegaram a enviar um contingente naval para a área da quizumba. Reagimos sob o brado patriótico de "a lagosta é nossa!", rememorando a campanha pela nacionalização do petróleo no final dos anos quarenta. Mobilizamos as Forças Armadas, mandamos uma esquadra para a região e nos preparamos para a guerra. Montamos a secretíssima Operação Lagosta, com intuito de dar uma coça nos franceses.

Diante das notícias de que passeatas em Pernambuco bradavam "lagosta ou morte!" e de um projeto da câmara de vereadores de uma cidade do sertão da Paraíba que propunha conceder a todas as lagostas do mundo a cidadania brasileira, o nosso embaixador em Paris, Carlos Alves de Souza Filho, fez a famosa declaração de que o Brasil não é um país sério. A frase foi equivocadamente creditada ao presidente francês, Charles de Gaulle, o que só serviu para colocar mais pimenta no vatapá da crise.

Travou-se um vigoroso confronto diplomático entre os dois países, com direito a mediação do Conselho de Segurança da ONU e o escambau. Os especialistas franceses sustentavam na discussão que a lagosta era apanhada quando estava nadando, sem contato com o assoalho submarino brasileiro. Podia, por isso, ser considerada um peixe.

A população discutia apaixonadamente a questão momentosa: é a lagosta um peixe? Velhos marinheiros eram consultados e acalorados debates na televisão tinham o crustáceo como tema. Foi aí que um paranormal de Sete Lagoas, Minas Gerais, incorporou, via satélite, o naturalista Charles Darwin, dando razão ao Brasil. Darwin disse, em bom português com sotaque britânico, que a seleção natural não deixava dúvidas — a lagosta era mesmo verde e amarela. Pediu, logo depois, um cocar e um charuto. Deu, entre baforadas, passagem ao caboclo Urubatão da Guia.

A coisa sujou de vez para a França quando, em entrevista ao Repórter Esso, com voz cavernosa e ameaçadora, o Exu Sete Rei da Lira, famosa entidade da quimbanda que dava consultas em um terreiro na Zona Oeste carioca, amaldiçoou os franceses, disse que ia castigar Charles de Gaulle e vaticinou a vitória brasileira em caso de conflito armado. De Gaulle afirmou em nota oficial que não temia as provocações de Seu Sete. O Rei da Lira ameaçou ir a Paris para colocar um despacho com penosas, marafo e efó no Arco do Triunfo.

Nosso especialista em oceanografia no embate, o Almirante Paulo Moreira, argumentou que o Brasil não aceitava a tese francesa de que a lagosta virava um peixe ao dar seus pulos se afastando do fundo do mar.

Se assim fosse, justificou o arguto brasileiro, o canguru deveria ser considerado uma ave no momento em que dava seus saltos.

O argumento absolutamente genial da nossa chancelaria — se a lagosta é um peixe, o canguru é um pássaro — desarticulou completamente o discurso francês e garantiu a vitória brasileira na contenda. Nossos direitos foram reconhecidos e a lagosta passou a ser considerada brasileiríssima, como eu, você que está lendo, a mulata, a ginga, o balacobaco e o samba de roda.

Seu Sete e Darwin, evidentemente, estavam certos.

cerveja é história, civilização e macumba

> *A cerveja é a prova evidente de que Deus nos ama e nos quer ver felizes.*
> [Benjamin Franklin]

QUEM SABIA DAS COISAS mesmo era Hamurabi, o rei da Babilônia, que viveu em mil setecentos e cacetadas antes de Cristo. Ao elaborar um rigoroso código de leis, o bambambã da Babilônia criou uma série de regras sobre um tema de grande relevância para o homem universal — o consumo da cerveja.

Saibam os senhores que o Código de Hamurabi estabelecia, como dever público, a obrigatoriedade do fornecimento diário de cerveja ao povo. Um trabalhador braçal receberia do Estado a cota básica de dois litros por dia; um funcionário público, três litros; os sacerdotes e administradores, cinco litros para o consumo mínimo diário. O Estado se comprometia com o fornecimento dessas modestas cotas. O resto era por conta da sede do cidadão.

Hamurabi também elaborou regras para punir os produtores de cerveja de baixa qualidade. A pena aos responsáveis pela produção da má cerveja era simples e de grande sensibilidade diante do momentoso tema: morte por afogamento.

Já no Egito, quem entendia do babado era o faraó Ramsés III, mais conhecido como 'O Cervejeiro'. O homem era um copo da maior categoria. Basta dizer que em certa ocasião, ao resolver dar um presentinho aos sacerdotes do Templo de Amon, doou aos cabras 466 mil e tantas ânforas de cerveja provenientes de sua cervejaria particular, pedindo escusas pela modéstia da quantidade ofertada. Isso dá aproximadamente um milhão de litros da bebida.

Os gregos e romanos, chegados num telecoteco entre filósofos, artistas e rapazolas, preferiam o vinho. A velha cerva, entretanto, continuou sendo a bebida predileta de povos dominados pelos romanos, como os gauleses e germânicos. A elite de Roma achava que cerveja era bebida de bárbaros incultos. Tácito, ao descrever os germanos como boçais, mencionou a cerveja como a bebida horrorosa fermentada de cevada ou trigo.

Entre o povo da curimba, a cerveja é fundamental. Ogum é chegado numa gelada. Quem quiser agradar ao guerreiro pode colocar uma cervejinha na mata, no caminho ou numa estrada de ferro. Xangô gosta mais de uma cerveja preta — que pode ser colocada numa pedreira ou ao lado de um dendezeiro. Exu gosta de qualquer coisa que tenha álcool — basta colocar a água que o passarinho não bebe na esquina, saudar o compadre e o dia está garantido.

Sempre me recordo, durante epifanias etílicas, da frase proferida em certa ocasião pelo escritor Alberto Mussa. Em pleno Al-Farabi, o templo cervejeiro da Rua do Rosário, no Centro do Rio, Mussa garantiu que a criação da cerveja é um feito civilizacional no mínimo similar à criação do livro.

Cada vez entendo mais por que é que o *Kalevala* — a magnífica epopeia nacional da Finlândia, que conta as façanhas do bardo *Vainamoinem* e do ferreiro *Ilmarinen*, heróis do povo — tem mais recitativos sobre a origem da cerveja do que sobre a origem do homem. É que sabiam das coisas, os cabras valentes do fim da terra.

É com reverência, enfim, que dedico esse arrazoado aos meus amigos de copo. O homem justo bebe cerveja como quem reza, reza com o fervor amoroso de quem toma umas geladas com os do peito no boteco da esquina e sabe que ninguém faz amizades tomando leite em balcão de padaria.

a casa da curimba

PERGUNTE A ALGUM professor de História sobre as medidas mais impactantes do governo de Juscelino Kubitschek (1956-1960). A resposta, quase certamente, versará sobre coisas como a construção de Brasília, as rodovias, a criação da Sudene, a implantação da indústria automobilística e outros balacobacos. De minha parte, porém, a resposta é completamente diferente. Amante que sou das miudezas que bordam e iluminam as histórias dos homens, não tenho dúvidas de que o fato mais significativo de todo o período dos '50 anos em cinco' foi a inauguração, com a presença do próprio presidente, do Mercadão de Madureira, na Avenida Ministro Edgar Romero. O Mercadão é mais importante do que Brasília, uma cidade sem esquinas e, portanto, sem Exu.

O Mercadão de Madureira, em verdade, surgiu em 1914, nos tempos do Marechal Hermes da Fonseca, como uma quitanda de venda de produtos agrícolas. Mudou de endereço algumas vezes, até que em 1959, com amplo apoio do governo JK, transferiu-se para a Avenida Ministro Edgar Romero e está lá até hoje. A inauguração do Mercadão no endereço definitivo, aliás, foi marcada por uma história monumental.

Acontece que a característica mais marcante do mercado popular de Madureira é a impressionante concentração de lojas de macumba. O camarada chegado numa curimba encontra rigorosamente tudo — bodes, galinhas, patos, codornas, ervas diversas, obis, orôbos, pembas, efuns, sabões da costa trazidos da Guiné, atabaques, ibás, roupas de santo e o escambau. O Mercadão é o principal ponto do país de venda de artigos religiosos afro-brasileiros, batendo inclusive os mercados da velha Bahia. Isso explica o furdunço da inauguração com a presença da comitiva presidencial.

O presidente JK estava, como sempre, tremendamente simpático. Cumprimentava os comerciantes com o sorriso largo, já tinha sido devidamente defumado por mães de santo, até que, na porta de uma das lojas, um funcionário não segurou a peteca, deu uns tremeliques e recebeu uma entidade — um boiadeiro, para ser mais preciso. O do Orum veio que veio, aos berros, dando fortíssimos murros no peito, e fez questão de falar com Juscelino.

Impressionadíssimo com a cena, o presidente, para estupor dos seguranças, aproximou-se da entidade, recebeu um passe, tomou um gole de parati, ouviu uns conselhos, assentiu com a cabeça e seguiu adiante, acompanhado pelos jornalistas. Um deles, porém, preferiu conversar com o espírito para saber quem ele era.

A matéria com o boiadeiro que deu passes em JK foi publicada na revista Umbanda de Luz e no jornal A Luta Democrática e é um espetáculo. Acho eu que é o primeiro registro de uma entrevista feita com um habitante das bandas da Aruanda, bem antes do Exu Seu Sete da Lira virar atração televisiva no programa do Chacrinha.

Ao ser indagado sobre sua identidade, o espírito revelou que era o boiadeiro Lourenço Madureira, o sujeito que arrendara, na primeira metade do século XIX, as terras do sertão carioca que deram origem ao logradouro do mesmo nome. Estava ali para abençoar o mercado popular e contou um pouco da história da região.

Disse, por exemplo, que nos governos de D. Pedro I (1822-1831) e da Regência (1831-1840), o único meio de se chegar ao local — conhecido como fazenda do Campinho e pertencente à freguesia do Irajá — era mesmo na base do bom e velho cavalo. Em 1858, os trilhos da Central do Brasil chegaram perto, com a abertura da estação de Cascadura. Só em 1896, nos tempos de Prudente de Moraes e um ano antes da guerra em Canudos, foi inaugurada a estação de trens que recebeu o nome de Madureira. Eu acredito na veracidade da fonte — não sou maluco de duvidar do relato da entidade que deu origem ao troço todo.

O curioso — e impressionante — de tudo isso é que parte da sede da fazenda do boiadeiro foi destruída por um incêndio no dia 15 de janeiro de 1850. Exatamente 150 anos depois, em 15 de janeiro de 2000, o Mercadão de Madureira foi destruído por um incêndio de proporções catastróficas — e suspeitas, diga-se de passagem.

Eu, que conheci o velho mercado, confesso que não gostei muito do resultado da reconstrução, um tanto modernosa, mas continuo recorrendo a Madureira com frequência grande. Chego de leve, peço licença a Exu, o dono de todos os mercados, faço minhas comprinhas, peço agô a Seu Zé Pelintra — que ronda os corredores pisando manso como bom malandro que foi e é — e canto pra subir.

subverter os mundos

QUE *LIBERDADE, LIBERDADE* — o samba de enredo de 1989 da Imperatriz Leopoldinense — é um clássico do gênero, não se questiona. A melodia sinuosa e a cadência do ritmo emolduram uma letra que retrata os últimos anos do Império e a proclamação da República no Brasil.

Certo trecho do samba, o que nos interessa neste momento, diz o seguinte:

> *A imigração floriu de cultura o Brasil*
> *A música encanta e o povo canta assim*
> *Pra Isabel, a heroína*
> *Que assinou a lei divina*
> *Negro, dançou, comemorou o fim da sina...*

O verso "a imigração floriu de cultura o Brasil" sintetiza uma visão, particularmente forte nas primeiras décadas da história republicana e ainda hoje entranhada no cordial racismo brasileiro, de que a chegada do europeu ao Brasil — branco e cristão — foi, sobretudo, uma aventura civilizatória. O europeu trouxe, basicamente, cultura para uma terra de bárbaros ameríndios e africanos.

O trecho seguinte do samba atribui a libertação dos escravos ao heroísmo da Princesa Isabel. A função do negro no processo foi a de dançar para comemorar o fim da sina. Dispensa comentários.

Outro samba clássico, *Martim Cererê*, da mesma Imperatriz Leopoldinense, de 1972, diz em certo trecho:

> *Tudo era dia*
> *O índio deu a terra grande*
> *O negro trouxe*
> *A noite na cor*
> *O branco, a galhardia*
> *E todos traziam amor*

Além da visão do Brasil como um paraíso racial — discurso que se adequava aos ditames ufanistas do regime militar — o samba vincula o índio (terra) e o negro (noite) aos elementos da natureza. O branco entra com a galhardia — um atributo de fidalguia vinculado à ideia de civilidade, indo além do mundo natural.

Exemplos similares não faltam, e é proposital que eu use as escolas de samba — originadas entre as populações negras — para indicar a força entranhada da ideia de missão civilizatória do branco na formação do Brasil. É evidente que, no mesmo universo das escolas de samba, encontraremos exaltações vigorosas aos africanos e — em menor escala — aos índios.

Chamar a atenção para o óbvio parece tarefa redundante, mas continua sendo necessária. Não há ambiente no Brasil — e penso nas universidades, nas escolas de ensino fundamental e médio, nos meios de comunicação, na intimidade das famílias de todas as classes — em que a ideia de missão civilizatória do europeu/cristão/ocidental não esteja entranhada como metástase daninha, muitas vezes invisível, e por isso ardilosa e mais devastadora.

Somos ensinados, nos colégios e universidades, a pensar com a cabeça e os cânones do ocidente. A escola brasileira é reprodutora de valores discriminatórios e inimiga radical da transgressão necessária. Não adianta a adoção de cotas para negros e índios se o ambiente escolar continuar reproduzindo uma visão de mundo branca, cristã, europeia, fundamentada em conceitos pré-concebidos de civilização que negam os saberes ancestrais e as invenções de mundo afro-ameríndias. Se até escolas de samba reproduzem, em sambas compostos por negros, estes preconceitos, imaginem o que acontece na maioria das escolas em que o samba não entra.

A tarefa é, portanto, enorme. À guisa de reflexão, é com o olhar de um educador que faço estas colocações, até mesmo para que eu não perca a dimensão da função transgressora de mundos que o magistério deveria assumir como sua. A educação, afinal, está cada vez mais solapada por uma realidade em que o colégio é visto como empresa modeladora de condutas e visões de mundo, o aluno é encarado como cliente e o professor é um adestrador de gente; tocador de gado para os currais do mercado e do consumo destituído de humanidade.

A educação precisa, urgentemente, assumir a única tarefa hoje digna deste nome: deseducar. Aos professores cabe a condução da tarefa desafiadora de deseducar as gerações. É ela que me estimula.

E já que comecei com samba, nada melhor do que terminar em samba. A dupla Didi e Aurinho mandou, em *Rituais afro-brasileiros*, samba-enredo de 1971 da União da Ilha do Governador, um recado:

> *Quem diria*
> *Que o negro iria*
> *Há tempos atrás*
> *Ver um dia*
> *O branco escravo*
> *Dos seus rituais.*

Que se subvertam os mundos...

povo do congo

DIA DESSES SOUBE que alguns alunos de Direito de algumas faculdades do Rio de Janeiro se referem aos estudantes da Uerj — de maneira explicitamente preconceituosa — como o Congo, em virtude da adoção do sistema de cotas que inclui alunos negros. O que eu gostaria de dizer aos futuros advogados, magistrados, promotores e procuradores de República é bem simples: nós todos, inclusive vocês, somos o Congo.

Vieram de lá, afinal, da região do Congo-Angola, só no século XVII, cerca de 700 mil africanos para trabalhar nas lavouras e minas do Brasil Colonial. Nós, os brasileiros, somos, portanto, congos. Somos também jalofos, bamuns, mandingas, bijagós, fantes, achantis, gãs, fons, guns, baribas, gurúnsis, quetos, ondos, ijexás, ijebus, oiós, ibadãs, benins, hauçás, nupês, ibos, ijós, calabaris, teques, iacas, anzicos, andongos, songos, pendes, lenges, ovimbundos, ovambos, macuas, mangajas e cheuas.

Todos os citados acima são grupos de africanos que chegaram a nossas praias com seus valores, conjuntos de crenças, costumes e línguas — culturas, enfim — para, ao lado de minhotos, beirões, alentejanos, algarvios, transmontanos, açorianos, madeirenses e milhares de comunidades ameríndias, inventar o Brasil.

Estes meninos preconceituosos sofrem do que chamo de 'nostalgia de Oliveira Vianna', o sujeito que escreveu um livro, outrora muito respeitado, chamado *Evolução do povo brasileiro*. Segundo Vianna, a salvação possível do Brasil era a nação embranquecida. Para ele, a imigração europeia, a fecundidade dos brancos, maior do que a das raças inferiores — negros e índios —, e a preponderância de cruzamentos felizes, nos quais os filhos de casais mistos herdariam as características superiores do pai ou da mãe branca, garantiam um futuro brilhante e branquelo ao Brasil.

Ninguém mais tem coragem de escrever uma barbaridade dessas, mas muita gente ainda pensa assim. Como os nossos futuros doutores da lei.

Pensam assim os brasileiros que marcham com deus pela liberdade, vivem encastelados em seus condomínios, acham que as domésticas têm que vestir uniforme e subir pelo elevador de serviço, não gostam de pretos, incendeiam índios, não respeitam as religiosidades afro-ameríndias, dizem que batuque é coisa de gentinha, frequentam compulsivamente templos do consumo, gastam num jantar o que pagam em um mês para os empregados, vibram quando a polícia executa moradores de favelas e criam filhos enfurecidos e preconceituosos que saem de noitadas em boates da moda para surrar garotas de programa nas esquinas da cidade.

Mas o que nos salva desses bárbaros engravatados, e eles nem desconfiam, é que o Congo é aqui. Ainda bem! O velho Congo, que revivemos nos maracatus, nos bailes de congo, nos moçambiques, na taieira, na folia de São Benedito, no candomblé de angola, nas cavalhadas, no terno de congo, no batuque do jongo e na dança do semba.

Somos o Congo porque batemos tambor, batemos cabeça, dançamos e rezamos como lá. Somos o Congo e a África toda, porque somos a terra de Zumbi, Licutam, Ganga-Zumba, Luiza Mahin, Bamboxe Obitiku, Felisberto Benzinho, Cipriano de Ogum, João da Baiana, Donga, Pixinguinha, Candeia, Mãe Senhora, Mãe Aninha, João Candido, Osvaldão, Marighela, Jorge Amado, Martiniano do Bomfim, Solano Trindade, Silas de Oliveira, Paulo da Portela e tantos outros heróis civilizadores. Com a proteção de Zambiapongo, de todos os inquices de Angola e dos ancestrais do samba.

pano branco sobre a pele preta

NO DIA 6 DE JANEIRO de 1954, o jornal *O Globo* publicou o seguinte editorial:

> "A princípio foi moda, e talvez ainda o seja, considerar a macumba como uma manifestação pitoresca da cultura popular, à qual se levam turistas e visitantes ilustres, e que era objeto de reportagens e notícias nas revistas e nos jornais, bem como de romantizações literárias. Isso deu ao culto bárbaro de orixás e babalaôs um prestígio que de outro modo não poderia ter e o fez propagar-se das camadas menos cultas da população para a classe média e empolgar até pessoas das próprias elites. É essa infecção que queremos apontar com alarme. É essa traição que queremos denunciar com veemência. É preciso que se diga e que se proclame que a macumba, de origem africana, por mais que apresente interesse pitoresco para os artistas, por mais que seja um assunto digno para o sociólogo, constitui manifestação de uma forma primitiva e atrasada da civilização e a sua exteriorização e desenvolvimento são fatos desalentadores e humilhantes para nossos foros de povo culto e civilizado. Tudo isso indica a necessidade de uma campanha educativa para a redução desses focos de ignorância e de desequilíbrio mental, com que se vêm conspurcando a pureza e a sublimidade do sentimento religioso."

O editorial do jornal, identificado com a visão das classes dominantes, não poderia ser mais claro: o Brasil precisa se livrar do primitivismo bárbaro da herança africana, extirpar as religiões que misturam ignorância e desequilíbrio mental e fazer valer os princípios da civilização ocidental. Às elites, cabe o papel regenerador que nos afirmará como um povo culto e civilizado.

Este arrazoado todo de *O Globo*, diga-se, não foi propagado no século XIX. Foi escrito na segunda metade do século XX, quase setenta anos depois da Lei Áurea, nove anos depois do encerramento da guerra contra o Nazi-Fascismo e cinco anos depois da Declaração Universal dos Direitos Humanos.

O editorial não surpreende. Alguns governos brasileiros, com apoio de parte dos segmentos mais favorecidos e de alguns intelectuais que abraçaram a eugenia, tentaram apagar, nos primeiros anos do pós-abolição, a presença do negro na nossa história. Este projeto se manifestou do ponto de vista físico e cultural. Fisicamente, o negro sucumbiria ao branqueamento racial promovido pela imigração subvencionada de europeus, capaz de limpar a raça em algumas gerações. Tal projeto também se manifestou na tentativa sistemática de eliminar as formas de aproximação com o mundo e elaboração de práticas cotidianas — jeitos de cantar, rezar, comer, louvar os ancestrais, festejar, lidar com a natureza etc. — produzidas pelos descendentes de africanos, desqualificando como barbárie e criminalizando como delitos contra a ordem seus sistemas de organização comunitária e invenção da vida.

Se hoje não temos mais a pregação explícita de uma política de branqueamento, ainda estamos distantes de superar o que Joaquim Nabuco chamou de "obra da escravidão". Há um senhor de engenho morando em cada brasileiro, adormecido. Vez por outra ele acorda, diz que está presente, se manifesta e adormece de novo, em sono leve.

Há um senhor de engenho nos espreitando nos elevadores sociais e de serviço; nos apartamentos com dependências de empregadas; no bacharelismo imperial dos doutores que ostentam garbosamente o título; na elevação do tom de voz e na postura senhorial do *'sabe com quem você está falando?'*; no deslumbre das elites que buscam civilizar os filhos em intercâmbios no exterior; na cruzada evangélica contra a Umbanda e o

Candomblé; na folclorização pitoresca — quase tão nociva quanto a demonização — destas religiosidades; nos currículos escolares fundamentados em parâmetros europeus, onde índios e negros entram como apêndices do projeto civilizacional predatório e catequista do Velho Mundo; nos gritos do diretor de televisão que chama um auxiliar de preto fedorento; no chiste do sujeito que acha que não é racista e chama o outro de macaco; no pedantismo de certa intelectualidade versada na bagagem cultural produzida pelo ocidente e refratária aos saberes oriundos das praias africanas e florestas brasileiras.

E já que é para exemplificar as práticas senhoriais, lembremos que recentemente dois clubes de grã-finos do Rio de Janeiro, o Paysandu e o Caiçaras, proibiram a entrada em suas dependências de babás negras. A razão explicitada para o absurdo foi cristalina: elas não vestiam uniformes brancos que as identificassem. Em São Paulo, com seus contrastes mirabolantes e favelas incendiadas à socapa, é obrigatório o branco para as babás que cuidam dos filhos das sinhás nos parquinhos dos clubes Pinheiros, Paulistano e Paineiras. Os seguranças do shopping São Conrado Fashion Mall, o preferido da classe AAA carioca, têm ordens para abordar as babás que não vestem o uniforme distintivo da condição.

A roupa exigida às babás, uma das faces mais reveladoras de um Brasil que insiste em mirar o mundo do alpendre da Casa Grande do engenho, guarda, por outro lado, um contraponto cheio de significados. É inteiramente branco, afinal, o traje consagrado ao maior dos orixás, Obatalá, dono do poder da criação, portador do opaxorô, o cajado misterioso dos mundos.

As sinhazinhas e sinhozinhos em flor, os novos senhores de engenho, os seus capitães do mato e feitores, nem desconfiam que no contraste entre o pano branco e a pele negra se manifesta, insuperável e silenciosa, a força ancestral da majestade do Pai Maior; aquela que cruzou a calunga grande para amenizar a dor e nos civilizar um dia.

carta aberta
aos deputados da assembleia
legislativa do rio de janeiro

SENHORES DEPUTADOS,

Foi com profunda preocupação que recebi a notícia de que um deputado e pastor evangélico, membro dessa casa, apresentou um projeto com o objetivo de anular a lei que declara a Umbanda e o Candomblé bens imateriais do Estado do Rio de Janeiro. O mesmo parlamentar tem, sistematicamente, apresentado projetos de lei que atacam frontalmente as crenças afro-brasileiras e ameríndias em nome do que ele mesmo chama de conduta cristã.

Em um contexto em que demonstrações de intolerância religiosa se tornam cada vez mais costumeiras, a proposta do cruzado-legislador com sede de guerra santa se configura como ameaça aos princípios da tolerância e do respeito às diferenças, elementos básicos para o convívio fraterno da comunidade.

Escrevo isso porque, senhores deputados, nasci e cresci dentro de um terreiro de macumba. Falo dessa procedência com orgulho tremendo. Minha avó era mãe de santo na Baixada Fluminense, versada nos segredos da jurema e da encantaria. Fui, por isso mesmo, batizado nos conformes da curimba — protegido pelo caboclo Pery e pelo Exu Tranca-Rua das Almas e oferecido aos cuidados da lua velha, num terreiro grande de Nova Iguaçu.

Tive uma infância alumiada pelo rufar dos tambores brasileiros e pelo alumbramento com os caboclos de pena e os marujos e boiadeiros da minha macaia querida. Quem viu, viu — e sabe do que eu falo.

Em certo momento busquei as raízes mais profundas. Fui ao candomblé, me iniciei, recebi um cargo, cantei em iorubá e conheci a religiosidade afro-caribenha. Em meu peito, todavia, continuou batendo forte a virada dos caboclos do Brasil. De mim, que atravessei o mar só para ver a juremeira, isso ninguém tira!

Conversei com Seu Zé; recebi conselhos de Seu Tranca-Ruas; vi a dança de guerra de Seu Tupinambá; fui seduzido pela beleza de Mariana e pela saudade de seu navio; temi a presença de Seu Caveira; cantei a delicadeza da pedrinha miudinha; respeitei o cachimbo velho de Pai Joaquim; emocionei-me quando Cambinda estremeceu para segurar o touro bravo e amarrar o bicho no mourão do tempo.

É por isso, pelo meu encanto pela Mãe d'Água, pelo temor amoroso ao caboclo Japetequara — veterano bugre do Humaitá — pela reverência aos que correram gira pelo norte, que me emociono com os santos brasileiros, pretos e índios como nós — por amor ao Brasil! Amor bonito e dedicado, feito o cocar de Sete Flechas e o diadema de Seu Sucuri no limiar das luas.

É por tudo isso ainda, senhores, que afirmo: não queremos converter e não queremos ser convertidos. Queremos crer apenas que o Pai maior, em Sua sabedoria, revelou-se a cada povo trajando a roupa que lhe pareceu mais conveniente para que os homens o reconhecessem, feito Zambiapungo e Olorum nos infinitos e Tupã nas matas.

Os deuses que vieram dos porões dos tumbeiros e das florestas do Brasil amenizaram séculos de dor e sofrimento e forjaram a armadura da resistência e da dignidade de um povo. Os deuses do Brasil nos ensinaram a olhar a natureza com os contornos da poesia e a delicadeza dos ritos imemoriais. Essa é a tessitura nossa de olhar o mundo.

Divinizamos os homens e humanizamos os deuses para construir uma civilização amorosa nos confins do ocidente. Em nome do oxê de Xangô, do pilão de Oxaguiã, do xaxará de Omolu e do ofá de Oxossi não há um só genocídio perpetrado na face da terra. Nunca houve qualquer guerra religiosa em que se massacraram centenas de milhares de seres humanos em nome da fé nos encantados e orixás. A insígnia de nossos deuses nunca foi a mortalha de homens comuns — nós apenas batemos tambor e dançamos, não morremos ou matamos pela nossa fé.

Eu conheci e (me) reconheci (no) meu deus enquanto ele dançava, no corpo de uma yaô, ao ritmo do vento que balançava as folhas sagradas do mariô, amansando o chão de terra batida à virada do rum. Meu general, com a majestade dos seus passos, fazia farfalhar a copa do dendezeiro com a destreza de sua adaga africana. O alfanje de Ogum alumiou meu mundo.

Que cada um tenha o direito de encontrar o mistério do que lhe é pertencimento, em gentileza e gestos de silêncio, toques de tambor e cantos de celebração da vida.

as velhas baianas somem das passarelas

EM UM SAMBA belíssimo, que embalou o carnaval de 1984 da Unidos de Vila Isabel, Martinho da Vila fala dos sonhos da velha baiana, "que foi passista/brincou em ala/dizem que foi o grande amor do mestre-sala".

Poucos versos abordam com mais felicidade a ideia da escola de samba como uma instituição comunitária, forjadora de elos entre segmentos populares que, à margem das benesses do poder instituído, inventaram mundos e, desta maneira, se apropriaram da vida e produziram cultura. A moça passista, que desfilou como componente de ala, chegou ao final da trajetória ungida baiana, matriarca do samba e de sua gente simples.

Ocorre hoje, porém, um problema da maior gravidade nas escolas de samba, amplamente comentado no meio e, infelizmente, pouco repercutido na imprensa: a velha baiana corre o risco de desaparecer, arrancada das fileiras de sua escola pela conversão às igrejas evangélicas que, cada vez mais fortes, demonizam o samba, o carnaval e suas práticas.

O problema atinge, sobretudo, as escolas mais pobres, que contam basicamente com os componentes das próprias comunidades para fazer o carnaval. São inúmeros os casos de passistas, ritmistas e, sobretudo, baianas, que abandonaram os desfiles atendendo a determinações de pastores. Diversas escolas de pequeno porte já entram na avenida perdendo pontos, pois o regulamento dos desfiles exige um número mínimo de baianas para o cortejo. Onde elas estão? Nas igrejas, ouvindo pregações apocalípticas contra a festa.

Atribuindo ao carnaval um perfil maligno, fundamentando suas críticas em uma arraigada noção de pecado e em uma vaga ideia de redenção, estes líderes religiosos retiram do ambiente das escolas personagens que, até então, tinham ali construído seus elos comunitários mais bonitos. É pecado sambar?

É evidente que tal prática se inscreve numa disputa pelo mercado da fé, cujo motor é o combate pelo maior número possível de fiéis. É óbvio, também, que as escolas de samba têm fortes raízes fincadas nas religiosidades afro-ameríndias, notoriamente na Umbanda e no Candomblé. Sabemos, por exemplo, que algumas baterias de grandes escolas desenvolveram seus toques característicos a partir dos ritmos consagrados aos orixás. A guerra aberta às escolas de samba deve ser compreendida, portanto, em um panorama mais amplo: é um capítulo da guerra santa travada por fundamentalistas cristãos contra as práticas culturais e religiosas dos descendentes de africanos no Brasil.

O efeito é perverso. Ao construir um discurso de salvação, alicerçado em promessas de tempos melhores, os fundamentalistas da fé buscam matar exatamente o que, durante muito tempo, deu a estas pessoas a noção de pertencimento. Não basta, para os arautos do fanatismo, construir uma nova referencia; é necessário matar o que veio antes, arrasar a terra, negar o outro, destruir a tradição. Conhecemos este filme e o final não é feliz.

Resta botar a boca no trombone e torcer para que no peito da velha baiana do samba do Martinho, aquela que cresceu, amou o mestre-sala e envelheceu dentro de sua escola, o arrepio do surdo de marcação, a harmonia do cavaco e os desenhos dos tamborins superem as trombetas da intolerância. Afinal de contas, não é pecado sambar e celebrar a vida.

liberdade na folia

AS BRASILEIRAS DANÇAM no Baião. Negras senhoras, donas do segredo da ancestralidade, zeladoras do tempo e da tradição de Massinokou Alapong, sacerdotisa da Costa do Ouro que chegou ao Brasil, no porão de algum tumbeiro, em meados do século XIX. Massinokou Alapong, que adotou entre nós o nome de Basília Sofia, ajudou a civilizar esse chão ao fincar em São Luís do Maranhão os batuques, cantos, danças e mandingas do seu povo.

As negras dançam. Negras senhoras que continuam fazendo, na Casa Fanti Ashanti, a festa que Alapong ensinou: o Baião de Princesas. Saias coloridas, leques, colares de contas, sandálias, adornos de cambraia e cheiros de alfazemas vestem de dignidade e realeza as sacerdotisas que, com a leveza do mistério, entregam seus corpos-totens para que as encantadas venham, uma vez por ano, dançar entre os viventes. E como dançam as encantadas, e como rodopiam e revigoram a vida — pois que a morte não há — em cada rodopiar.

Que toquem as violas, violinos, sanfonas e pandeiros no batuque do Baião. Foi esse o jeito que Alapong encontrou para despistar a polícia, que não queria festas com cantos acompanhados pelos tambores das

Áfricas. Foi esse o jeito que Alapong, a negra velha Basília, inventou para chamar as passeadoras — encantadas em pedra de rio, areia de praia, flor de manacá-cheiroso, tronco de jeretataca, croa, olho de serpente, jetirana e primavera-de-caiena.

Homem não dança no Baião de Princesas. É a festa do poder feminino — o maior que há —, é a celebração em canto e sonho do domínio matriarcal da ancestralidade, perpetuada em sensações dadivosas que nós, os homens, somos incapazes de conceber. É por isso que só as mulheres dançam quando o forrobodó começa.

Mas o Baião é mais do que isso. É a celebração da dignidade fundamental de empregadas domésticas, cortadoras de cana, donas de casa, feirantes, cozinheiras, vendedoras de cheiros da terra, merendeiras, faxineiras e guerrilheiras de um Brasil que, às vezes, insiste em ignorar o Brasil. São elas, essas brasileiras fundamentais, que rodopiam no salão embandeirado de brasilidades.

Eu ouço o Baião e fico pensando nos pais de famílias de classe média e alta que sonham em mandar as filhas e filhos adolescentes para estudar na Europa, nos Estados Unidos, na Austrália e nos infernos. A explicação é simples: as garotas vão conhecer outras culturas, com o objetivo de aprender novas línguas. Sem problemas, mas... E a nossa língua, quando é que os filhos dos bacanas vão aprender? E a nossa cultura? E o nosso canto, o cheiro da aldeia, a memória dos nossos mortos, a bandeira das nossas guerras e a dignidade das mães ancestrais? Quem ensinará?

Um dos cantos mais bonitos do ritual do Baião diz, com singeleza comovente e falar brasileiro, o seguinte:

> *O meu pai me deu um livro*
> *Que eu estudava noite e dia*
> *Pra mim fazer o dever*
> *Pra ser livre na folia*

É esse o mantra das delicadezas do Brasil, canto do povo miudinho, povo valente de mulheres e homens comuns. O Brasil que me comove, arrebata e serpenteia feito as saias das negras velhas do Baião de Princesas.

Saias e alfaias de negras velhas onde dançam, encantadas, Dandara, Luísa Mahim, Maria Quitéria, Menininha, Mãe Senhora, Aninha de Xangô, Iara, Elenira, Zuzu, Ana Maria e as marias todas desse povo inteiro.

Esse é o livro que precisa ser lido, o presente dos ancestrais, tradição dos avós, lição dos tumbeiros, aldeias e portas de fábricas — porque nós estamos aqui para dançar, cantar, reverenciar e lutar feito as malungas que cruzaram a calunga grande.

Nós nascemos, e nossas mulheres nos ensinam, para a liberdade na folia e para os encantamentos em raiz da terra no calor da luta.

para o benjamin, no aniversário da abolição da escravatura

MEU MOLEQUE,

Hoje é dia treze de maio, aniversário da abolição da escravatura no Brasil. É dia do teu pai oferecer um café amargo, bem forte, ao tempo, para que nele bebam as santas almas benditas; pretos velhos encantados que protegem o nosso país e o nosso povo. Papai vai pedir para que eles te protejam também.

Tua bisavó, meu moleque, foi uma yalorixá importante, iniciada nas coisas do candomblé e da encantaria. Ela criou esse teu pai desde muito cedo. Fui civilizado pelo tambor, alumbrado pelas saias rodadas das yaôs, educado pela gentileza doce dos ijexás e pela formosura das mestras do encanto. Entre uma curimba e outra, tua bisa gostava de ouvir Luiz Gonzaga e lembrar-se de Pernambuco, de onde vem nossa família. Em todo treze de maio, a bisa pedia aos pretos velhos pelos seus filhos e netos.

Essa é a nossa raiz, Benjamin. É por isso que eu te ninei, nas tuas primeiras noites, com as cantigas de chegada da cabocla Mariana e da encantada Toia Jarina, a flor de laranjeira mais formosa. "Na praia do Lençol/onde Jarina mora/fora de hora/criança chora". Não é assim?

É por isso que te contarei um dia sobre o caboclo Japetequara, o bugre que se encantou em um tronco de sucupira. Quando a madeira flora, Japetequara solta seu brado na terra. É por isso que pretendo escrever um dia um livrinho sobre como vovó Cambinda e o Pai Joaquim protegem as crianças brasileiras. E te direi pra não ter medo de Exu, que é teu pai também e gosta de umas travessuras de menino, como certamente você gostará. E Mozart, o menino austríaco que fez as músicas bonitas que embalam teus bons sonhos de chegado ao mundo, é feito Exu também.

Nós estamos crescendo juntos, moleque, eu e você — cada um a seu modo. E você, quando estiver grande, pode ser o que quiser, gostar do que quiser, de quem quiser e como quiser. Erraremos os dois e acertaremos bastante. Se bobear, você resolve até não gostar de futebol e nem de samba, só pra sacanear teu pai. Faz parte.

O fato, meu camaradinha, é que penso o tempo todo, desde a madrugada do teu nascimento, no que dizia o bom e velho Kant sobre criar crianças. Ele sugeria que déssemos aos pequenos raízes e asas. As raízes, para que se saiba de onde vem. As asas, para se voar para onde quiser.

O que eu espero mesmo de você, por toda tua vida, é quase nada e ao mesmo tempo um tudo. Não espero que você seja um homem de negócios bem sucedido, faça fortuna, tenha sucesso profissional, ganhe fama ou coisa similar.

Quero apenas que em algum treze de maio você cumpra o rito de ofertar ao tempo um café amargo, bem forte, pedindo que os pretos velhos protejam os teus filhos. E que teus filhos aprendam contigo a oferecer um café ao tempo, para que as santas almas cuidem também dos teus netos.

Tempo, que traz na ponta das suas asas o mistério maior dos ancestrais, receberá de bom grado esses nossos mimos de continuação da vida.

Beijo do teu pai.

o segredo do urubu-rei

NO INÍCIO DOS TEMPOS, os índios Carajás viviam no furo de uma pedra de rio, ao lado de seus parentes, os Javaés e os Xambioás. Conheciam a eternidade e só morriam, velhíssimos, quando ficavam cansados da vida — por opção, portanto.

Um dia foram seduzidos pelo canto de uma siriema que, de fora do furo da pedra, começou a falar das coisas da terra. Curiosos, alguns índios resolveram conhecer os mistérios do mundo em que a siriema vivia. Quando atravessavam o furo, um índio mais gorducho, exatamente o que sugerira a expedição, entalou e não conseguiu passar. Os demais saíram pelo mundo.

Encontraram uma terra repleta de folhas, frutas, peixes e animais, mas mergulhada na mais absoluta escuridão. Lembraram-se do companheiro entalado e resolveram lhe levar frutas e um galho seco para tirá-lo do buraco.

Ao ver o galho seco, o índio entalado alertou que os companheiros estavam indo para um lugar onde as coisas envelheciam e morriam. Desiludido, alertou aos demais e resolveu voltar para dentro da pedra. Alguns o acompanharam e nunca mais foram vistos. Os outros iniciaram a peregrinação.

Um jovem índio — Kanaxivue — começou a percorrer, ao lado da amada Mareicó, a terra escura em busca de alimentos. Mareicó, no breu, feriu a mão nos espinhos de uma flor e desistiu da tarefa.

Kanaxivue prosseguiu. Sem enxergar quase nada, acabou comendo mandioca brava. Deitou-se passando mal. De imediato vários urubus começaram a dar voltas em torno de seu corpo. Discutiam se o índio estava morto ou não.

Na dúvida, convocaram o urubu-rei, o mais sábio de todos. A ave pousou na barriga de Kanaxivue para verificar se o jovem de fato morrera. O carajá recuperou o sopro da vida, pegou o urubu-rei pelas pernas e não o soltou. Exigiu, para libertá-lo, os enfeites mais belos.

O urubu-rei trouxe as estrelas.

O índio não se contentou, achou que o mundo continuava escuro e exigiu outro enfeite.

O urubu-rei trouxe a lua cheia.

O índio continuou achando a terra muito escura. Exigiu mais um enfeite.

O urubu-rei trouxe o sol.

A noite foi embora e surgiu o dia. Kanaxivue gostou. O urubu-rei ensinou ao índio e a sua amada Mareicó a utilidade de todas as coisas do mundo. Agradecido, Kanaxivue libertou a ave.

O carajá se esqueceu, porém, de perguntar qual era o segredo da vida eterna e da harmonia entre os homens, os bichos, as pedras, os peixes e as árvores. Quando gritou a pergunta, o urubu-rei, já em pleno voo, respondeu. As árvores, os bichos, os rios e as pedras escutaram a resposta. O índio não escutou.

Por Kanaxivue não ter escutado a última lição do urubu-rei, os homens, desde então, envelhecem e morrem. Os que ficaram no fundo da pedra continuam vivos. Não morreram, mas também não conheceram os enfeites belíssimos que o urubu-rei legou aos homens.

Hoje, bebendo nas águas deste mito de encantamento do mundo, o povo Carajá sonha com a tranquilidade da vida sem males e sem a morte, mas não sabe mais como encontrar a pedra original, perdida em algum lugar debaixo das águas do rio Macaúba.

Quanto a nós, que estamos provisoriamente por aqui, jamais conheceremos a última e mais profunda lição que o urubu-rei deu aos homens. É a miséria e grandeza da nossa condição.

o brasil nasceu da melancolia de zâmbi

Para Nei Lopes

ZAMBIAPUNGO — O SENHOR SUPREMO — se entristeceu um dia, cansado da solidão do poder e das tarefas da criação. Cogitava mesmo, o pai maior, interromper o curso do mundo. Faltava alguma coisa que justificasse aquela grandeza toda. Zâmbi, que sabia de tudo, achava que tinha criado todas as coisas necessárias para a vida. Mas estava triste e recorreu aos inquices, voduns e orixás, seus filhos diletos.

Pediu a Zaratempo que inventasse algo para despertar seu interesse e o impedir de desistir do mundo. Tempo criou as estações do ano com todas as suas mudanças. Zâmbi gostou, mas não sorriu.

Zâmbi chamou Katendê e pediu a mesma coisa. Katendê, o senhor das jinsabas (folhas), falou ao pai sobre o poder medicinal das plantas. O deus supremo se interessou um pouco, mas ainda assim não sorriu.

Matamba foi a próxima a tentar alegrar Zâmbi. A senhora das ventanias mostrou a força dos furacões e o baile fabuloso dos relâmpagos. Zâmbi olhou, aplaudiu admirado, mas continuou triste.

E assim vieram todos os deuses do Congo. Vunji trouxe as crianças; Angorô inventou o arco-íris; Gongobira deu a Zâmbi um rio de peixes coloridos; Dandalunda chamou as luas que mudam marés; Mutalambô fez um banquete com as caças trazidas das densas florestas; Roxo-Mucumbi forjou ferramentas e adagas no ferro em brasa; Lembá Dilê conduziu um cortejo branco de pombas, cabras e caramujos.

Zâmbi gostou e agradeceu, mas continuou triste.

Até que Zâmbi perguntou se Zaze, o dono do fogo, sabia de alguma coisa que pudesse afastar aquele banzo de melancolia. Zaze, a quem os iorubás chamam de Xangô, consultou o oráculo e imolou um bode branco em sacrifício. As carnes foram repartidas entre as divindades do Congo.

Zaze, em seguida, aqueceu a pele do bode na fogueira. Ainda com o fogo, tornou oco o pedaço de um tronco seco da floresta. Sobre uma das extremidades do tronco oco, Zaze esticou a pele do animal e inventou Ingoma — o tambor.

Zaze começou a percutir o couro com toda a força e destreza. Aluvaiá, aquele que os iorubás conheciam como Exu e os fons como Legbá, gingou ao som do tambor de Zaze e, logo depois, todos os deuses do Congo, ao batuque sincopado do Ingoma, fizeram a primeira festa na manhã do mundo.

Zambiapungo gostou do fuzuê do tambor de Zaze e descansou feliz. Era isso que faltava. Zâmbi sorriu.

Um filho de Zaze, muito tempo depois, foi capturado na floresta e jogado no ventre escuro de um navio. Esse negro do Congo chegou, entre correntes de ferro e centenas de outros homens, ao outro lado da calunga grande — na terra onde Zambiapungo era mais conhecido como Tupã.

O filho de Zaze, mesmo entre a dureza das correntes e o cheiro da morte do seu povo, conseguiu levar para o país de Tupã o Ingoma inventado pelo pai.

Ao chegar do outro lado do mar, submetido — e insubmisso — ao horror do cativeiro, o filho de Zaze bateu forte no tambor, convidou para o fuzuê o povo de Tupã e chamou, com a força do ritmo ancestral, os deuses das matas, esquinas e macaias. Eles vieram, atraídos pelo fervor das danças e pelo clamor das festas, e resolveram ficar.

Até mesmo alguns dos que chegaram para dominar a terra foram seduzidos e civilizados pela festa. A generosa festa dos filhos de Zâmbi, nos terreiros grandes do Brasil.

O tambor, filho de Zaze, é o pai do nosso povo.

inventando terreiros

MUNIDO DE UMA LANTERNINHA de São João do Carneirinho, buscarei quem bata cabeça no roncó e pise querendo aprender, e não ensinar, as terras áridas e fraternas das gentes que, nos fuzuês das tabocas severinas, alumiam o breu de formosuras e desfazem o nó do mundo.

    Me colocarei modestamente sob comando dos que alumiam o escuro com festas, entre malandros encantados e farristas desenxabidos. E buscarei repouso no remanso; um porto seguro no colo das morenas de Cabedelo, senhoras de artesanatos paridos em palhas de coqueiros e folhas de palmeiras.

    Formarei fileiras no exército dos miudinhos de trajes nobres: saias rendadas das moças do Cordão Encarnado, manto do Divino, filá de Obaluaiê, machado de Xangô, cocar de caboclo, brincos de Toia Jarina, quepe de marujada, terno branco dos pelintras, macacões de operários, camisas de times de várzea, gibões de couro e saiotes femininos feitos com as folhas da juçara e enfeitados com miçangas coloridas.

    Seguirei então, a passos firmes, o cordão dos que não foram abençoados, sendo mais um no caminho da grande aventura, porque é chegada a hora da grande invenção.

Nós, os não abençoados, vamos inventar terreiros brasileiros, trincheiras para bater bola com os assombros da vida, até a hora da velha da foice, a indesejada das gentes do Manuel Bandeira, nos pegar no passaraio. Desceremos — os que acreditam nos deuses sem Deus mais por poesia do que por fé — aos subterrâneos das cidades para tocar tambores, bater palmas e punhetas, afinar cavacos, pontear violas e ralar buchos com as moças, madames e senhoras no fole das sanfonas.

As ruas não mais nos pertencerão. As esquinas, pelo andar da carroça, serão tomadas pelas tropas do Tio Patinhas, do Leão de Judá e outras milícias tantas de tantos credos, sagrados e profanos, marcialmente preparadas para impedir o furdunço de carnavais e rezas profanas nessa nossa bolinha azul, cu de Judas do espaço sideral, cafundó do universo e cafua dos homens. Maracanã, adeus...

Não importa. Inventaremos terreiros.

Às armas, pois, meus camaradas! Sigam-me os que forem baderneiros, bradarei feito um general da banda à sorrelfa. Buscaremos, qual ataque poderoso do Íbis de Mauro Shampoo, abrigos nucleares para tomar em paz a água que o passarinho não bebe, desfilar nosso repertório de afetuosos palavrões e trocar juras eternas e provisórias de amor.

Rogaremos e blasfemaremos aos santos e demônios no deserto sem estrelas da noite grande; aquela que só tem sentido e se ilumina no ato de compartilhar as solidões dos homens na mesma ceia.

escutando bibliotecas

UM DIA O MEU FILHO, nas nossas conversas de esperar o sono, perguntou-me quem era o Jó da cantiga dos "escravos de jó que jogavam caxangá". Contei ao moleque que esse jó não é uma pessoa. A expressão vem da palavra em kimbundo "njó", casa. Escravos de jó são, portanto, os escravos de casa. Caxangá é um jogo de pedrinhas e tabuleiro.

O moleque reclamou que eu estava zoando com a cara dele. Aproveitei a deixa e contei que no nhungue, outra língua banto, tsuera significa escárnio. Vem daí, provavelmente, o nosso carioquíssimo "zoeira", "zoar", "zoação". Benjamin, o meu filho, gostou e perguntou se essas coisas se aprendem no colégio. Eu respondi que talvez não, e ele fez um muxoxo.

Vejo a curiosidade do meu garoto e lembro que durante certo tempo eu ficava meio constrangido quando me perguntavam sobre os livros que marcaram a minha adolescência, e criaram em mim o hábito de gostar de histórias. Chegava a inventar os livros fundamentais na minha formação. Precisei de tempo e coragem para admitir que na minha primeira formação os livros não foram fundamentais; meu amor por eles é tardio e imenso. Hoje certamente a minha vida sem os livros não teria a mesma graça. Não me imagino sem eles.

Eu aprendi, todavia, a gostar de histórias com uma senhora que não tinha nem o primário completo, a minha avó. E não foi em uma biblioteca; foi em um terreiro na Rua Castor, no Jardim Nova Era, nos confins de Nova Iguaçu. O maravilhoso se manifestou para mim no rufar dos tambores misteriosos, na dança desafiadora das iabás, nas flechas invisíveis lançadas pelos caboclos, nos boiadeiros que laçavam bois fantasmas.

Eu vi o curupira nas encantarias dançar pelo corpo de Maria dos Anjos; vi Tóia Jarina, Rondina e Mariana, princesas da Turquia, arrebatadas no Maranhão; reverenciei o brado de Japetequara, caboclo do Brasil, nas floradas da sucupira. E li e leio todo dia. De tudo isso foi que moldei maneiras de mirar o mundo.

Hoje tenho uma dificuldade tremenda em crer nas verdades desencantadas e abraçar as causas e coisas visíveis, aquelas que não cantam e dançam ao sabor dos ventos que me ensinaram, enquanto tambores batiam, o pouco do que sei. Por isso amo os livros que soam como os tambores e amo os tambores que parecem livros: eles me contaram, e ainda contam, grandes histórias.

Penso constantemente nisso sobre a criação do meu filho e das crianças brasileiras. O livro, o tambor, as sabedorias dos brincantes, o rumo dos ventos, os dizeres das folhas, a biblioteca, o mato, a praia, a sinfonia, o brado do bugre, os umbigos enterrados, as simpatias de Dindinha Lua, o baile, a bola, a esquina, o brinde no balcão, o saber do outro; todas essas coisas.

Rezo ao Tempo para que nossos moleques tenham a capacidade de se abrir generosamente para as encruzilhadas em que o mundo se arvora grande.

Eu ouço bibliotecas.

jesus da gente

OS MAIS CHEGADOS SABEM que sou e não sou cristão. E sou profundamente, e sobretudo, macumbeiro. De vez em quando viro ateu (uma outra maneira de acreditar em certezas provisórias), o que não me impede de cumprir os ritos, mas sigo macumbeiro e cristão ao meu modo, é evidente. Ser brasileiro sem ser um pouquinho cristão é quase uma impossibilidade. E detesto pureza de qualquer tipo, sobretudo no campo da cultura.

Além disso, sou ressabiado crítico de instituições religiosas de todos os tipos. Ritualizo a vida e insisto em lançar sobre as festas populares um olhar afetuoso, sobretudo quando percebo que, onde o desencanto passeia, as celebrações podem reconduzir as pessoas ao intangível, ao encantamento, ao espanto diante do que não pode ser racionalmente mensurado no mundo e nos humaniza radicalmente.

É por isso que lanço sobre a história de Jesus Cristo — não ao Messias, mas ao mito incontornável da nossa cultura em todas as dimensões subjetivas que ele pode alcançar — um olhar carinhosamente humano.

Jesus Cristo transformou água em vinho. Nunca transformou vinho em água. Fez essa ação exusíaca, não custa lembrar, para não acabar com a festança da turma em Canaã. Disse também, no jantar com o fariseu, que o mal nunca é o que entra, mas o que sai da boca do homem: não fez distinções à mesa e quebrou todos os tabus alimentares (aqui tenho que confessar certa inveja: os tabus alimentares da religião em que cresci não são moles).

O problema, para mim, é que tem quem insista em transformar o Cristo em um inimigo dos fuzuês, dos birinaites e das alegrias. Cristo (o meu, insisto) era um farrista do bem, e não um carola piedoso ou um pregador insulso. É por isso que me amarro no Jesus de Nazaré, que me parece ter sido filho de Ogum. Ogum regia aquela cabeça e, se Cristo foi ao búzios, isso deve ter sido confirmado pela yalorixá, que talvez tenha dado bons conselhos a ele. Aquela porrada nos vendilhões do templo é uma clássica reação dos filhos do guerreiro; o orixá que trocou a suntuosidade da coroa pelas folhas do dendezeiro.

É por isso, ainda, que sou do cristianismo popular: bebo e compartilho da boa mesa com os meus amigos e camaradas e com qualquer um que seja gente de bem. E não sento em mesa de bar — um templo — com fariseus que queiram ditar regras e impor grosseiramente suas verdades.

Costumo me comover com as festas cristãs: o Círio de Nazaré, em Belém do Pará, pela vitalidade que preserva; a Festa da Penha, no Rio de Janeiro, pelo que representou para o povo da cidade; as festas dos santos de junho; e o ciclo da Natividade. Nelas, os cantos, louvores, comidas, leilões de prendas, namoros, cheiros, dádivas e bordados falam de afetos celebrados que permitem a subversão — pelo rito — da miudeza provisória da vida.

O meu Jesus Cristo, afinal, é o jesuscristinho dos presépios mais precários, das bandinhas de pastoris e lapinhas do Nordeste, dos enfeites formosos das moças dos cordões azul e encarnado e das folias que alumbram de brasilidades os fuzuês que, no mês de janeiro, homenageiam — entre cachaças, cafés e bolos de fubá gentilmente servidos pelos donos da casa — os Reis do Oriente.

Ele, o Cristo dos meus delírios, se sentiria mais à vontade em um botequim de esquina do que na Basílica de São Pedro. Se manifesta mais nas mãos calejadas dos devotos do Círio do que nas batinas sacerdotais e nos ternos bem cortados dos condutores do bonde da aleluia. Deve respeito

— e é respeitado por eles — a Tupã, Zambiapungo e Olorum, e a milhares de deuses que não dependem dele para existir. Essa é a pluralidade bonita da fé. Estaria hoje ao lado dos fodidos que não têm Natal.

É o Jesus da gente, maneira como ele é chamado no samba que Manu da Cuíca e Luiz Carlos Máximo fizeram para o Carnaval de 2020 da Mangueira. No enredo de Leandro Vieira, Cristo nasceu no morro, viveu a sua paixão, morreu crivado pelas balas dos intolerantes e renasceu no desabafo sincopado da cidade que, apesar de tudo, samba.

Meu Cristo, enfim, é pedrinha miudinha. Joga na várzea, bebe nos subúrbios, rala nas fábricas e, quando o sol vai quebrando lá pro fim do mundo pra noite chegar, descansa feito João Valentão e adormece como menino brasileiro.

A vista não pode alcançar a belezura de suas miudezas.

POSFÁCIO

lajeiro tão grande...

NO BRASIL PROFUNDO, aquele firmado nos fazeres da gente simples, conta-se que os caboclos são seres de bravura, sensibilidade, capazes de cavalgar no tempo e domar os temores do mundo. Nessa levada, com suas palavras de força, eles enlaçam os assombros, amansam bicho brabo e cantam sambas raiados para o cair da noite.

Eles nos ensinam que a palavra é montaria, laço e faca de ponta. Com o sopro apalavrado se aviva corpos, se pede proteção e se faz batalhas. Segundo quem versa no fundamento desse povo, a virtude desses cabras se dá na capacidade de ouvir o oco da terra e comunicar a sua vibração. Assim, se tratando de chão, que firma e calça tudo que existe e se lança em movimento, o que estaria a guardar as pedrinhas que rolam nesse lajeiro sem fim chamado vida?

Um improviso que lanço para essa prosa seria considerarmos que as pedrinhas são resultado das vibrações da terra. Nesse sentido, em uma leitura encantada, são também ajuntamento de pertencimentos e saberes das profundezas do chão que nos sustenta. Nelas, faz morada o Brasil das ruas, aldeias e terreiros. Brasilidade que se sagra nos campos de batalha da história, lançando pés, cinturas e virando ponta cabeça para não se deixar apreender pelo esquecimento que sustenta o projeto de uma nação decadente.

Nesse jogo, existe quem não considere e até desdenhe, mas contar histórias é política contrária ao desencantamento, uma maneira de expandir subjetividades, fortalecer a memória e laços comunitários que são violentados, por aqui, há mais de cinco séculos. Tem-se questionado se os praticantes das margens podem falar. Nos deslocando para sentirmos outras enunciações, percebe-se que, mais que falar, esses fazem da linguagem enigma e poesia, alargando as frentes de luta contra as investidas de um sistema obcecado por um modo único de ser.

Não podemos esquecer que é também no ataque à linguagem, no desperdício de experiência e na escassez de formas de invenção que esse projeto de mundo assombrado vem se erguendo. Porém, as pedrinhas miúdas continuam sendo lançadas no tempo, comunicando outras possibilidades e produzindo presenças, já que a palavra é também uma forma de corpo em transe. Nesse sentido, a chamada virada linguística mencionada pelos estudos subalternos e a crítica pós-colonial é deslocada aqui para ser pensada nos discursos inscritos na capa de exu Tranca-Rua, no drible de Garrincha, na sanfona de Luiz Gonzaga e na amarração do caboclo da Pedra Preta.

As pedrinhas de Luiz Antonio Simas revelam a força do conhecimento contido nas giras cotidianas e nos pensamentos capazes de confrontar o terror de uma engenharia destruidora não só de corpos físicos, mas também das dimensões sensíveis da vida. Um livro de ensaios, literatura, teoria social, poesia, memórias escarafunchadas por um praticante das esquinas e sabedor do poder da palavra. Afinal, a palavra é corpo e por isso os escritos de Simas gargalham, gingam, dão goladas de cerveja, fazem fé no jogo, gols no Maracanã, esmerilham quadris nas tabocas, firmam palmas no partido-alto, batem pernas no mercado e quando necessário cantam para subir.

Enlaçado nesse jogo, digo: é um livro de encantaria. Assim, como todo feitiço que tem o poder de dobrar os sentidos, a política miudinha riscada nas travessias em que Simas vagueia nos convoca a pensar o Brasil na sua potência cruzada, que não se reduz e se apreende pelo fetiche e tara de uma sociedade que se quer democraticamente racial.

Pedrinhas miudinhas arma uma casa de caboclo, pois, de maneira negaceada, brincante e macumbeira, confronta a lógica maniqueísta, autoritária, hierárquica e desigual em relação à produção de conhecimento. Escrito no transe da virada da mata, é um registro que diz como nas profundezas do Brasil, nas margens do mundo, tem-se praticado cotidianamente políticas contrárias à escassez e aos regimes de morte. Na virada da mata — fenômeno que diz sobre a formação da corte dos encantados — os caboclos são aqueles que dobraram a morte pela via do encante. Dessa maneira, Simas invoca a espiritualidade desses seres para baixar em seus escritos, tendo como orientação a máxima sagrada no ponto cantado desse povo.

O impacto dessa obra é a aprendizagem contínua de que mesmo vivendo em um mundo obcecado pelo paradigma de grandeza, que pode ser entendido como as energias geradas pelas obras de barbárie do projeto civilizatório ocidental, podemos seguir perseguindo as miudinhas que nos alumiam, as histórias e saberes ancestrais de nossas aldeias.

LUIZ RUFINO

Autor de *Fogo no mato* e *Flecha no tempo*, ambos em parceria com Luiz Antonio Simas, e *Pedagogia das encruzilhadas*.

REFERÊNCIAS

BARROS, José Flávio Pessoa de. *A fogueira de Xangô: uma introdução à música sacra afro-brasileira*. Rio de Janeiro: Intercom-Uerj, 1999.

BASTIDE, Roger. *O candomblé da Bahia*. São Paulo: Companhia das Letras, 2001.

CABRERA, Lydia. *El Monte*. Miami: Ediciones Universal, 2006.

CARNEIRO, Edison. *Candomblés da Bahia*. Rio de Janeiro: Editorial Andes, 1954.

CASCUDO, Luís da Camara. *Dicionário do folclore brasileiro*. 10 ed. Rio de Janeiro: EDIOURO. s.d.

COSTA E SILVA, Alberto da. *A enxada e a lança: a África antes dos portugueses*. Rio de Janeiro: Nova Fronteira, 1996.

CRAVO ALBIN, Ricardo e outros. *Dicionário Houaiss ilustrado — Música Popular Brasileira*. Rio de Janeiro: Paracatu Editora, 2009.

DEALTRY, Giovanna. *No fio da navalha — Malandragem na literatura e no samba*. Rio de Janeiro: Faperj / Casa da Palavra, 2009.

FERRETI, Mundicarmo. *Desceu na guma: o caboclo no tambor de mina no processo de mudança de um terreiro de São Luís: a casa Fanti-Ashanti*. São Luís: Sioge, 1993.

LOPES, Nei. *Guimbaustrilho e outros mistérios suburbanos*. Rio de Janeiro: Dantes, 2001.

LOPES, Nei. *O negro no Rio de Janeiro e sua tradição musical*. Rio de Janeiro: Pallas, 1992.

MATOS, Cláudia Neiva de. *Acertei no milhar: a malandragem e o samba no tempo de Getúlio*. Rio de Janeiro: Paz e Terra, 1992.

MÁXIMO, João; DIDIER, Carlos. *Noel Rosa: uma biografia*. Brasília: Linha Gráfica Editora, 1990

MOURA, Roberto. *Tia Ciata e a Pequena África no Rio de Janeiro*. Rio de Janeiro: Secretária Municipal de Cultura, 1995.

ORTIZ, Renato. *A morte branca do feiticeiro negro*. Petrópolis: Vozes, 1978.

PRANDI, Reginaldo (org.). *Encantaria brasileira*. Rio de Janeiro: Pallas, 2001.

PRANDI, Reginaldo. *Mitologia dos orixás*. São Paulo: Companhia das Letras, 2001.

SANTOS, Juana Elben dos. *Os nagô e a morte*. Petrópolis: Vozes, 1976.

SOARES, Carlos Eugênio Líbano. *A capoeira escrava e outras tradições rebeldes no Rio de Janeiro*. Campinas: Unicamp, 2001.

VERGER, Pierre. *Notas sobre o culto aos orixás e voduns*. São Paulo: Edusp, 1999.

ZALUAR, Alba; ALVITO, Marcos. *Um século de favela*. Rio de Janeiro: Editora da Fundação Getúlio Vargas, 1998.